퍼팅 & 숏게임

원골프 매뉴얼 ③
퍼팅 & 숏게임

지은이 이근택 외
펴낸이 양동현
펴낸곳 골프아카데미
　　　　출판등록 제307-2012-7호
　　　　136-034, 서울 성북구 동소문로 13가길 27번지
　　　　전화 02-927-2345 팩스 02-927-3199

초판 1쇄 발행 2012년 3월 10일
초판 2쇄 발행 2014년 12월 30일

ISBN 978-89-968266-5-1 13690

ⓒ 이근택, 2012

이 책은 신저작권법에 의해 보호받는 저작물이므로
무단으로 전재하거나 복제할 수 없습니다.

* 잘못 만들어진 책은 구입한 곳에서 바꾸어 드립니다.

www.iacademybook.com

퍼팅 & 숏게임

이근택 외 공저

머리말

이 책이 나오기까지 우여곡절이 많았다.

필자는 20년 이상 골프를 해 오며 투어 프로의 꿈을 꾸었지만 여러 상황 때문에 방향 전환을 해야만 했다.

힘든 선택이었지만 레슨의 길을 택하면서 몇 년 간 미국·호주 등을 돌아다니며 유명 골프 아카데미에서 수학하고 유명 티칭 인사들에게 사사하는 등 다양한 레슨 방법을 배우기 시작했다. 그 과정에서 들었던 생각은 '아! 골프를 배우는 것은 참 어렵구나. 프로인 내가 배워도 이 정도인데 아마추어들은 어떨까? 어떻게 하면 쉽게 배울까?' 하는 것이었다.

필자는 다양한 골프 서적을 탐독하며 단순함의 원리, 최소 노력으로 최대의 효과를 보는 법칙 등 '좀더 쉽고, 정확하게, 단순하면서도 재미있게…'라는 핵심을 연구하고 정리해 나갔다. 그리고 마침내 나의 생각들을 여기 매뉴얼에 기록하는 꿈을 이루었다.

이 책을 읽기 전 반드시 몇 가지 핵심 단어를 항상 숙지를 하면서 읽어 주길 바란다.

① 단순함 ② 정확함 ③ 재미 ④ 효율성, 이 네 가지 단어를 생각하며 고정 관념을 깨길 바란다.

필자는 골퍼들에게 "제발 연습 좀 그만하세요"라고 입버릇처럼 말하는데, "쓸데없고 가치 없는 시간과 노력은 투자가 아니라 낭비일 뿐이다."라는 말에 절대 공감한다.

롱 게임(영어), 숏게임(암기 과목), 퍼팅 게임(국어)이라고 생각해 보자. 만약 자녀들이 다른 과목들을 내버려둔 채 영어만 죽어라 공부만 하고 시험을 본다면 어떠한 결과가 나오겠는가? 분명 영어 점수는 어느 정도 나오겠지만 전반적인 시험은 망치게 될 것이다. 그런데도 자녀가 또 영어 공부만 한다면 어떻게 할 것인가? 분명 "이놈의 자식!" 하고 머리를 쥐어박게 될 것이다.

뜬금없는 소리로 들릴지 모르겠지만 골퍼들에겐 매우 중요한 부분이다. 지금 현재 자신의 연습 비율을 한 번 생각해 보길 바란다.

퍼팅 게임과 숏게임은 다른 영역보다 스코어에 미치는 영향의 비중은 어느 영역보다 더 클 것이다. 물론 멘탈 게임을 제외한 영역을 말하는 것이다.

자, 이제부터 이 책을 읽기 전 몇 가지를 참고하고 책을 읽기 바란다.

PREFACE

잘못된 연습법
1. 항상 같은 연습을 같은 방식으로 한다.
2. 재미없는 연습을 억지로 한다.
3. 불필요한 연습으로 시간을 2배나 더 소비한다.
4. 결과를 예상할 수 없는 연습을 한다.

대처 방안
1. 노력의 평균 수준을 높이기보다는 효율성이 있는 부분에 노력을 집중한다.
2. 연습량을 획기적으로 줄인다.
3. 목표를 단순화한다.
4. 연습하기 전에 먼저 계획을 세운다.

'시간을 투자한다'는 것과 충분히 에너지를 쏟는 것과는 분명히 다르다. 보통의 골퍼들은 연습장에서 온몸의 힘이 다 빠질 때까지 스윙 연습만을 한다. 그런데 필자가 단연코 골퍼들에게 자신 있게 말할 수 있는 것은, 숏게임과 퍼팅에 연습의 비중을 더 둔다면 스코어는 현저하게 떨어질 것이다. 얼마나 연습하느냐가 아니라 어떻게 연습하느냐에 따라 골프 인생은 달라질 수 있다. 골프에도 비법이나 왕도는 없다. 단지 가야 할 곳을 정확히 바라보고 가는 것이 헛된 노력과 수고를 더는 길이다.
이 책을 통해 프로 골퍼와 아마추어 골퍼를 불문하고 골프가 조금 더 쉬워지고 골프에 대해 겸손해져서 골프가 더욱 즐거워지는 경험을 나누고자 한다.

이 책이 나오기까지 6년에 걸쳐 끊임없는 연구와 토론에 참여해 주신 여러 교수님들과 프로 골퍼들, 미젠드 가족 그리고 지금까지 배움과 골프를 할 수 있도록 물심양면으로 든든한 지원자가 되어 주신 사랑하는 가족에게 진심으로 감사의 마음을 담는다.

— 저자

차례

머리말 · 4

제1부 그린에서의 자유를 위한 원 퍼팅

골프에서 가장 중요한 퍼팅 · 10

1 그린 에티켓 · 11
미리 준비하자 · 11
동반자가 어드레스하면 모든 행동을 멈추고 조용히 하자 · · · · · · 11
그린 위의 볼은 바로 마크하자 · 12
파트너의 선전을 진심으로 기뻐하자 · 12
동반자의 시선을 방해하지 말자 · 12
동반자의 라인을 조심하여 보호한다 · 12

2 퍼터 · 13
퍼터 선택의 요점 · 13
퍼터의 선택 · 16
퍼터의 명칭 · 17

3 원 퍼팅 · 18
원 퍼팅 · 18
2개의 원으로 이루어진 원 퍼팅 · 19
원의 궤도 · 21

4 그립 · 29
왼손 잡기 · 29
그립을 잡는 형태 · 30
오른손 잡기 · 31
그립의 압력 정도 · 32
가장 많은 그립의 오류 · 34

5 얼라이먼트 · 36
얼라이먼트의 중요성 · 36
얼라이먼트를 쉽게 하는 순서 · · · · · · · · · · · · · · · · · · · 37
실전에서의 얼라이먼트 · 38
얼라이먼트를 점검하는 방법 · · · · · · · · · · · · · · · · · · · 39

6 어드레스 · 40
어드레스의 중요성 · 40
적절한 스탠스의 폭 · 41
적절한 체중 분배 · 42
적절한 볼의 위치 · 43
적절한 머리의 위치 · 45
적절한 양 팔꿈치의 구부러짐 · · · · · · · · · · · · · · · · · · · 48
적절한 양 팔꿈치의 위치 · 49
적절한 손의 위치 · 51
적절한 척추의 각 · 54
가장 많은 어드레스의 오류 · 57
어드레스 체크 포인트 · 58

7 스윙 · 60
임팩트 · 60
스윙의 지침 · 65

8 퍼팅 · 80
숏 퍼팅을 위한 지침 및 연습 방법(방향) · · · · · · · · · 80
롱 퍼팅을 위한 지침 및 연습 방법(거리감) · · · · · · · 88
경사 퍼팅(방향 · 거리감 · 경사도) · · · · · · · · · · · · · · 97

9 퍼팅 클리닉 · 104
구질이 생기는 원리 · 105
각 구질이 생기는 자세와 교정 방법 · · · · · · · · · · · · 107

제2부 한번에 10타 줄이는 숏게임

    숏게임의 중요성 · 118

1 숏게임이란 · 119
    웨지 · 119
    숏게임의 종류 · 120

2 원 치핑 · 122
    원 치핑 · 122
    2개의 원으로 이루어진 원 치핑 · 123
    원의 궤도 · 125
    치핑 그립 · 130

3 얼라이먼트 · 136
    얼라이먼트 · 136
    치핑 1단계 · 156
    치핑 2단계 · 163
    치핑 3단계 · 168
    다양한 탄도의 치핑 · 172
    다양한 상황에서의 치핑 · 176

4 원 피칭 · 181
    4개의 원으로 이루어진 원 피칭 · 181
    원의 궤도 · 183
    피칭의 그립 · 185
    어드레스 · 186
    피칭 1단계 · 193
    피칭 2단계 · 198
    피칭 3단계 · 203
    상황에 따른 피칭 · 207

5 하이 어프로치 · 211
    로브 샷 · 211
    플롭 샷 · 214

제1부
그린에서의 자유를 위한 원 퍼팅

골프에서 가장 중요한 퍼팅

골퍼가 18홀을 라운드하면서 가장 많이 사용하는 클럽은 무엇일까? 누구나 당연히 퍼터라고 말할 수 있을 것이다. 퍼팅은 18홀 중 일반적으로 프로 골퍼들은 1~2회, 핸디캡 20~30의 골퍼는 2~3회 정도 시도하므로, 한 라운드당 프로 골퍼는 약 23~30회, 아마 골퍼는 32~46회 시도한다. 한 라운드에서 퍼팅이 차지하는 비율은 프로 골퍼나 아마 골퍼나 40~50%쯤 되므로 매우 중요하다.

그래서 퍼팅을 쉽게 하는 선수는 샷 부담이 적어 쉽게 게임을 풀어 가지만 퍼팅이 어려운 아마 골퍼는 샷이 잘되어도 항상 게임이 어려워져 좋은 점수를 기대하기가 어렵다. 그러므로 골프에 있어서 퍼팅은 강력한 무기이며 샷 전체의 마음을 맞추어 주는 약방의 감초라 할 수 있다. 많은 아마 골퍼 및 프로 골퍼들의 퍼팅 자세는 조금씩 다르지만 일반적으로 보다 쉽고 정확하게 보낼 수 있는 공통적인 자세가 있다. 퍼팅을 하기 전에 퍼팅의 기본 원리를 이해한다면 몸은 자연스럽게 움직일 것이다.

1 그린 에티켓

골프는 여러 사람이 어울려서 하는 운동이므로 모두가 기분 좋게 즐기기 위해 지켜야 하는 에티켓이 있다. 골프 실력이 좋아도 동반자에게 기쁨을 주지만, 에티켓이 좋아야 동반자들과 더 즐거운 라운드를 할 수 있다.

미리 준비하자

동반자보다 먼저 그린에 도착하면 미리 거리와 라이를 보며 준비해야 좋은 퍼팅을 할 수 있고 동반자가 늦게 도착하더라도 시간을 절약할 수 있다. 만약 동반자보다 늦게 그린에 도착했다면 최대한 빠르게 준비하여 동반자들에게 시간적인 피해를 주지 않도록 한다.

동반자가 어드레스하면 모든 행동을 멈추고 조용히 하자

동반자가 어드레스할 때 움직이거나 떠들어서는 안 된다. 골프는 매우 민감하고 심리적인 운동이라서 사소한 소리, 보이지 않는 움직임도 퍼팅에 영향을 미친다.

그린 위의 볼은 바로 마크하자

볼이 그린 위에 놓이면 볼을 마크한 뒤 닦을 수 있도록 캐디에게 건네준다. 볼을 그냥 두면 동반자의 퍼팅을 방해할 수가 있고, 또 미리 준비하면 시간의 여유가 생긴다. 골프를 하는 과정에서 모든 준비는 골퍼 스스로 해야 골프의 깊은 맛을 느낄 수 있다.

파트너의 선전을 진심으로 기뻐하자

골프는 즐기는 것이다. 동반자의 멋진 퍼팅을 진심으로 축하하자. 그러면 자신의 멋진 퍼팅도 찬사를 받을 것이며, 팀 전체가 즐거운 골프를 하게 된다.

동반자의 시선을 방해하지 말자

동반자가 퍼팅을 하기 위해 어드레스에 들어가면 나머지 동반자들은 어디에서 준비해야 할까? 가장 좋은 위치는 퍼팅을 준비하는 동반자의 등 뒤쪽이고, 그 다음이 앞쪽 먼 곳이다. 세 번째는 준비하는 동반자의 먼 뒤쪽이라 할 수 있다. 골프는 매우 민감한 운동이라 사소한 느낌과 감각에도 반응하므로 절대로 동반자의 시선을 방해해서는 안 된다.

동반자의 라인을 조심하여 보호한다

자신의 볼을 마크하거나 퍼팅 라인을 살피기 위해 동반자의 퍼팅 라인을 밟으면 동반자의 퍼팅 라인이 변형될 수도 있으므로 항상 동반자의 퍼팅 라인을 항상 조심하고 보호해야 한다.

2 퍼터

골프에서 가장 중요한 퍼팅은 느낌과 감각이 중요하므로 퍼팅이 쉬우며 보기에도 정감이 가며 자신의 수준에 맞는 퍼터를 선택해야 한다. 한 번 선택하면 평생 사용할 수 있도록 언제나 기분 좋은 퍼터를 선택해야 한다.

퍼터 선택의 요점

퍼터의 헤드 모양

퍼팅하기 위해 어드레스했을 때 위에서 바로 보이는 부분이 퍼터 헤드로, 좋아하는 디자인을 고른다. 홀과 퍼터의 얼라이먼트에서 직각으로 맞추는 브레이드 헤드와, 타깃에 퍼터 헤드를 수평으로 맞추는 말렛형 또는 T형이 있어 스트로크도 조금 달라져야 하므로 이에 따라 자신이 선호하는 헤드의 장점을 잘 파악하여 선택한다.

브레이드 어드레스

브레이드 형 : 홀에 퍼터 페이스를 직각으로 맞추어야 하므로 얼라이먼트와 스트로크가 어려워 숏 퍼팅이 어려운 반면 무게가 토우와 힐에 많아 타점이 넓은 장점이 있어 롱 퍼팅이 좋아진다.

T자 형 어드레스

T자 형 : 홀에 퍼터 페이스를 수평으로 맞추어야 하므로 얼라이먼트와 스트로크가 쉬워 숏 퍼팅이 쉽고 반대로 무게가 중앙에 많아 타점이 좁은 단점이 있어 롱 퍼팅이 어려워진다. 그러나 요즘은 얼라이트도 쉽고 타점도 넓은 퍼터도 많이 출시되고 있다.

퍼터 페이스

퍼터 페이스의 재질은 여러 가지인데, 주로 구리나 특수 고무, 특수 플라스틱으로 된 약간은 부드러운 페이스가 많다. 이것은 페이스와 볼이 임팩트될 때 볼을 조금 더 페이스에 붙여 움직이게 하여 느낌을 좋게 하기 위함이다. 그러나 볼과 퍼터 헤드는 오래 붙어 움직일수록 비거리가 떨어지며, 임팩트 존이나 페이스 방향이 약간만 달라져도 일관성이 떨어지므로 퍼터 페이스는 단단한 스테인리스 재질이 작은 스윙에도 비거리나 일관성, 방향성 면에서 좋다.

페이스가 압착고무로 되어 있어 비거리가 떨어지며 큰 스윙이 필요하여 방향과 거리감이 떨어지게 된다.

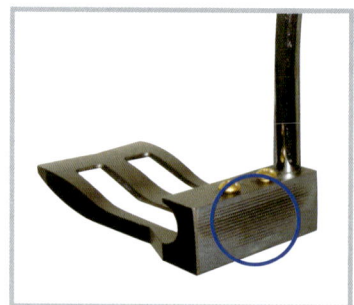

페이스가 단단하면 작은 스윙에도 쉽게 거리가 나게 되어 적은 스윙으로 퍼팅이 가능해 방향과 일관성이 좋아진다.

퍼터의 헤드 무게

헤드의 무게는 제조 회사의 특성에 따라 약간씩 다르다. 헤드 무게가 무거워지면 방향성이 좋아져 숏 퍼팅에 좋지만 거리감이 떨어져 롱 퍼팅이 약해지고, 가벼워지면 감각이 섬세해져 거리감이 쉬워져 롱 퍼팅이 쉬워지는 반면 방향성이 떨어져 숏 퍼팅이 나빠진다.

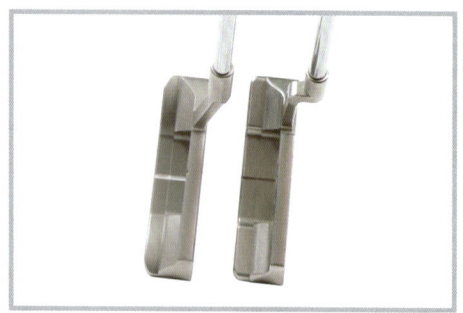
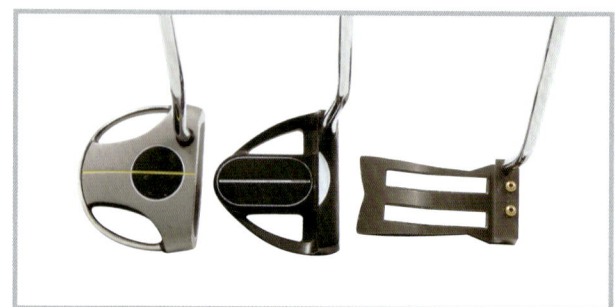

퍼터의 헤드가 가벼우면 스윙 중 손의 감각이 좋아져 거리감이 쉬워져 롱 퍼팅이 쉬워진다.
퍼터의 헤드가 무거우면 스윙 중 손의 감각이 둔해져 거리감이 떨어져 롱 퍼팅이 어려워진다.
퍼터의 헤드가 가벼우면 스윙 중 손의 감각이 좋아 스윙 중 손의 움직임에 의해 페이스의 방향이 쉽게 달라져 숏 퍼팅이 어려워진다.
퍼터의 헤드가 무거우면 스윙 중 손의 감각이 둔해 스윙 중 손의 움직임이 적어져 페이스의 방향이 좋아지므로 숏 퍼팅이 좋아진다.

퍼터의 그립 굵기

퍼터의 그립이 가늘면 손 감각이 섬세해져 롱 퍼팅에 유리하지만 손목 움직임이 많아져 숏 퍼팅이 나빠지고, 굵으면 손 감각이 둔해져 손목의 움직임이 적어져 숏 퍼팅에 유리하지만 롱 퍼팅 감각이 떨어진다.

퍼터의 길이

퍼터가 길어서 짧게 잡으면 헤드 무게가 가벼워지거나 스윙 중 그립 끝이 옷에 걸려 방향이 나빠질 수 있고, 키에 비해 너무 짧으면 어드레스가 시 몸이 너무 숙여지며, 길면 척추가 너무 세워져서 스윙이 나빠진다. 그러므로 자신의 키에 비례하는 길이의 퍼터를 선택해야 한다.

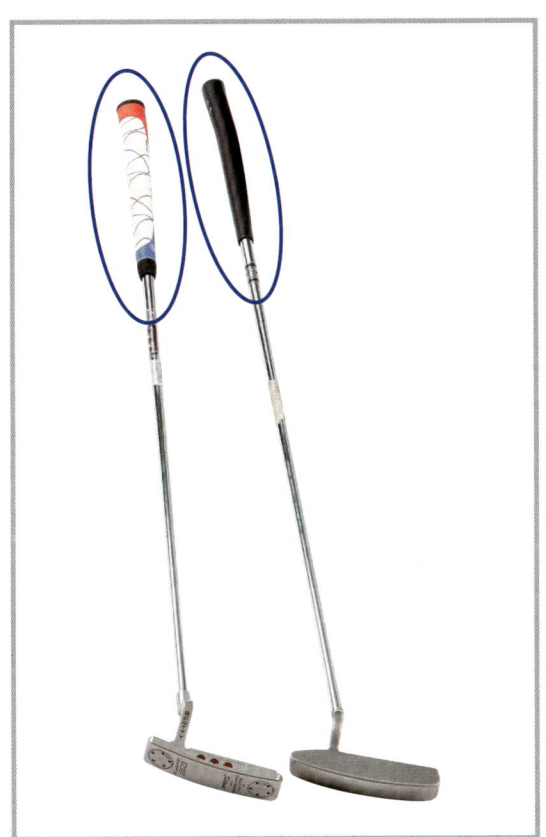

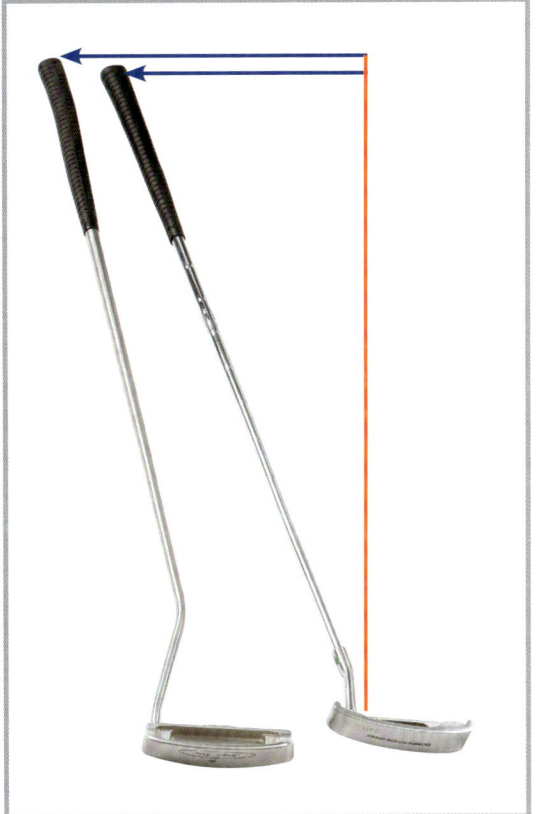

퍼터의 그립이 두꺼우면 손의 감각이 둔해져 거리감이 떨어져 롱 퍼팅이 어려워진다. 반대로 스윙 중 손의 움직임이 적어져 페이스의 방향이 좋아지므로 숏 퍼팅이 좋아진다.
퍼터의 그립이 얇으면 손의 감각이 좋아 거리감이 쉬워져 롱 퍼팅이 쉬워진다. 반대로 스윙 중 손의 움직임이 많아져 페이스의 방향이 나빠지기 쉬우므로 숏 퍼팅이 나빠진다.

퍼터의 길이가 길면 어드레스에서 척추의 각이 세워지고 그립에서 헤드까지 길이가 길어 스윙 중 리듬이 나빠지면 일관성이 떨어진다.
퍼터의 길이가 짧으면 어드레스에서 척추의 각이 숙여지고 그립에서 헤드까지 길이가 짧아 스윙 중 일체감이 좋아져 일관성이 좋아진다.

퍼터의 선택

초보 골퍼는 얼라이먼트가 가장 약하므로 얼라이먼트가 쉬운 퍼터로, 그리고 숏 퍼팅이나 롱 퍼팅이 약한 골퍼는 자신의 약점을 보완 할 수 있는 퍼터를 선택하면 지금 보다 더 쉬운 퍼팅을 할 수 있을 것이다.

퍼터의 명칭

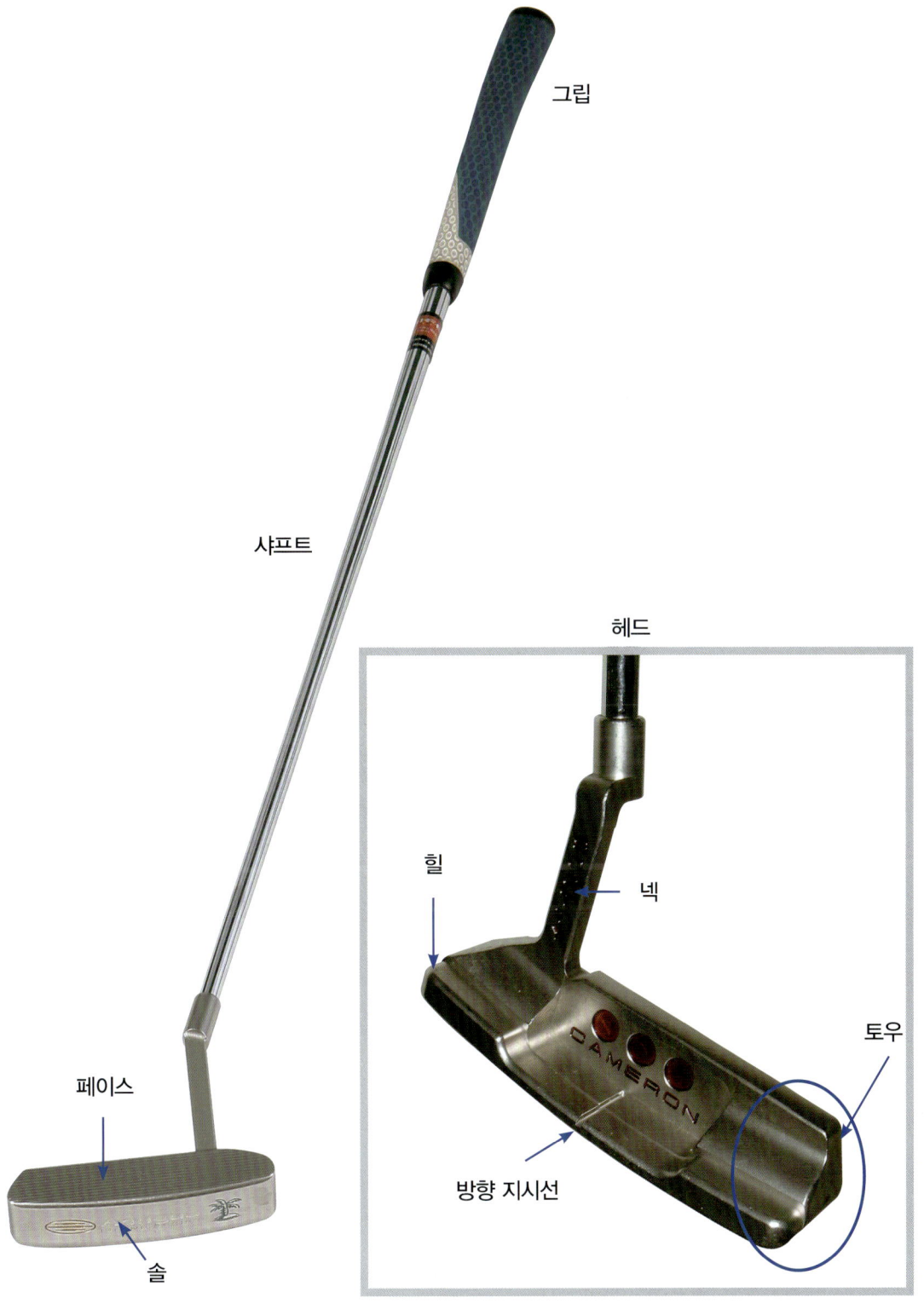

3 원 퍼팅

원 퍼팅

원 퍼팅은 과학적 이론을 근거로, 우리 몸을 근육 운동학에 접목하여 2개의 원으로 몸에 무리 없이 거리감과 정확성을 가지게 하는 내추럴 퍼팅이다. 임팩트를 더 쉽고 정확하게 할 수 있게 준비된 이론이다.

2개의 원으로 이루어진 원 퍼팅

퍼팅의 원은 매우 단순한데 백스윙 시 한 개의 원을 만들고 다시 다운스윙 시 한 개의 원을 만들어 총 2개의 원으로 하나의 스윙을 만든다.

백스윙에서 1개의 원이란?

백스윙이란 오직 상체의 턴만으로 퍼터의 헤드를 필요한 만큼의 거리에 올려놓는 원의 움직임이다.

몸의 큰 근육인 상체의 근육을 이용하여 어깨를 턴하면 퍼터 헤드를 타깃의 반대로 보낼 수 있다. 어깨에 매달린 팔과 퍼터는 어깨의 움직임에 의해 단단히 붙어 필요한 크기의 톱을 완성한다.

다운스윙에서 1개의 원이란?

다운스윙은 백스윙 때 만들어진 어깨의 턴에 다운은 약간의 중력과 어깨의 턴으로 퍼터 헤드를 가속시켜 임팩트를 만드는 또 하나의 원의 움직임을 말한다.

적절한 톱에서 중력과 헤드 무게를 이용해 꼬인 어깨를 동력으로 다운을 시작한다.

중력과 헤드 무게를 어깨의 동력으로 볼에 임팩트하면 그 가속으로 인해 퍼터 헤드는 타깃으로 보내진다.

이렇게 총 2개의 원을 하나의 원으로 일관되게 일치시키고 단 하나의 주동력인 어깨의 원으로만 이루어지므로 보다 간결하고 쉽다.

원의 궤도

퍼팅의 타법

퍼팅은 최소한의 힘으로 최대한 멀리 굴릴 수 있는 타법이 중요하다. 왜냐하면 스윙 중 크기가 줄어들고 힘이 적게 들어가므로 일관성이 좋아지기 때문이다. 또한 볼이 잘 굴러가게 하려면 그린과의 마찰을 최소화해야 한다.

스핀과 구르기의 비교

손으로 백스핀을 걸면서 그린에 굴려 보면 백스핀의 양만큼 잔디와 마찰이 커지고 그만큼 거리가 짧아진다.

손으로 오버스핀을 걸면서 그린에 굴려 보면 잔디와 마찰이 적어 작은 힘으로도 멀리 잘 굴러간다.

퍼터의 로프트와 구르기의 비교

앞의 실험의 결과를 보면 백스핀은 잔디와의 마찰이 커져 거리를 줄어들게 하고 오버스핀은 잔디와의 마찰이 적어지게 하여 적은 힘으로도 잘 굴러가게 한다. 결국 퍼팅을 할 때 백스핀보다 오버스핀이 볼을 그린에 잘 구르게 하므로 최대한 빠르게 오버스핀이 걸리게 하는 것이 중요하다 할 수 있다. 퍼터로 임팩트했을 때의 스핀에 대해 알아보자.

0도 페이스는 볼 중앙에 임팩트되는 상황

퍼터의 로프트가 0도이고 사이드블로로 임팩트할 경우 볼의 중앙에 임팩트되고 임팩트의 크기에 따라 바닥에 마찰(스키즈 현상)이 짧거나 길어진 다음 오버스핀으로 굴어간다. 이때 잔디 면이 고르지 못하면 볼은 불규칙적으로 굴러가게 되어 일관성이 떨어진다.

4도 페이스는 기울어진 각도만큼 볼 밑에 임팩트되는 상황

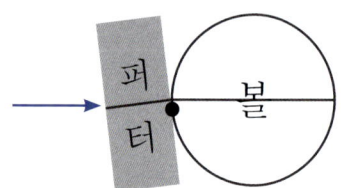

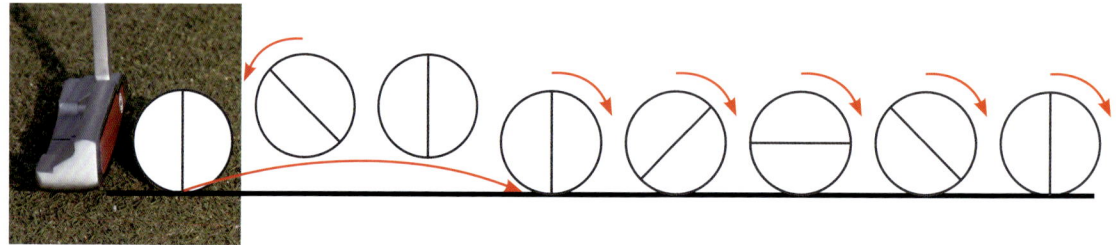

퍼터의 로프트가 4도이고 사이드블로로 임팩트할 경우 볼의 중앙보다 아래에 임팩트되고 임팩트의 크기(거리)에 따라 볼은 잔디에서 뜨며 약간의 백스핀이 걸리며 바닥에 떨어진 다음 오버스핀으로 굴러간다. 이때 공중에 떠 가는 거리는 임팩트 크기에 따라 달라진다.

타법에 따른 구르기의 비교

퍼터의 로프트에 따라 스키즈 현상이 생기기도 하고 오버스핀이 빠르게 걸리기도 한다.

3도 페이스가 볼 중앙 위에 다운블로로 임팩트되는 상황

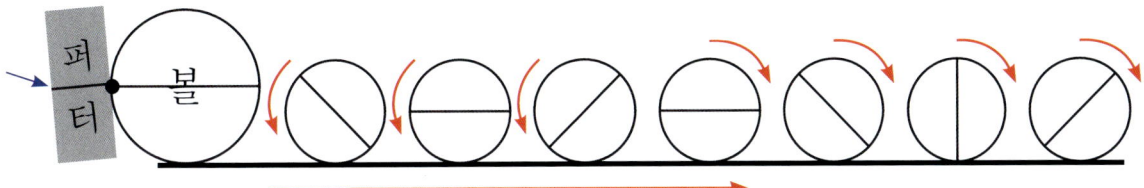

로프트가 3도이고 다운블로로 임팩트할 경우 볼의 중앙 위에 임팩트되고 약간의 백스핀이 동반되며 임팩트의 크기(거리)에 따라 바닥에 마찰(스키즈 현상)이 짧거나 길어진 다음 오버스핀으로 굴러간다. 따라서 방향이 나빠지고 거리가 떨어진다.

3도 페이스가 볼 중앙 아래 사이드블로로 임팩트되는 상황

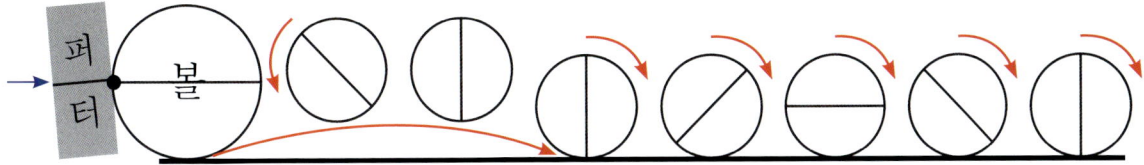

로프트가 3도이고 사이드블로로 임팩트할 경우에는 볼의 중앙 아래에 임팩트되고 임팩트의 크기(거리)에 따라 백스핀이 약간 걸리며 볼은 잔디에서 뜨고 바닥에 떨어진 다음 오버스핀으로 굴러간다. 이때 공중에 떠 가는 거리와 백스핀은 임팩트 크기에 따라 달라진다.

3도 페이스가 볼 중앙 아래 어퍼블로로 임팩트되는 상황

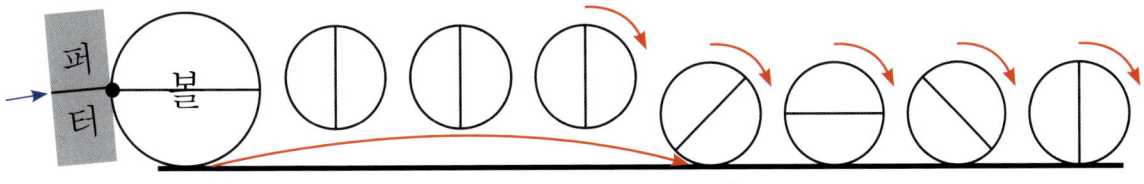

로프트가 3도이고 어퍼블로로 임팩트할 경우 볼의 중앙 아래에 임팩트되고 임팩트의 크기(거리)에 따라 볼은 잔디에서 뜨며 바닥에 떨어진 다음 오버스핀으로 굴러간다. 이때 공중에 떠 가는 거리는 임팩트의 크기에 따라 달라진다.

이상적인 구르기를 만드는 조합

앞의 실험과 같이 같은 퍼터의 로프트는 볼을 그린에서 띄우는 역할을 하며 다운블로는 스키즈 현상을 길게 하여 잔디와 마찰을 크게 하므로 거리와 방향을 나빠지게 한다. 볼이 적게 뜨고 스키즈 현상이 적어지는 환상의 조합을 알아보자.

약 1도 페이스가 볼 중앙 밑에 어퍼블로로 임팩트되는 상황

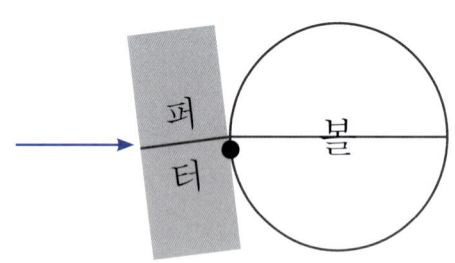

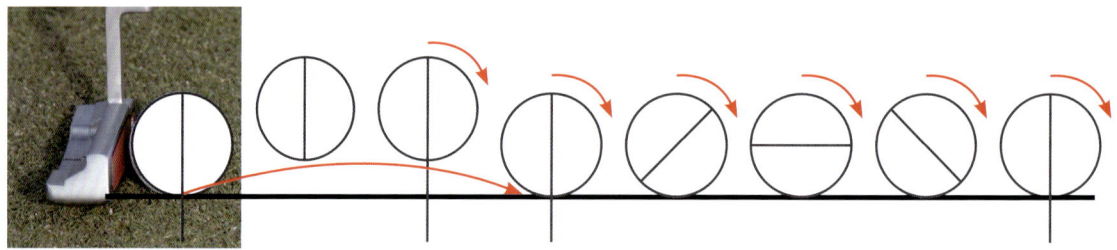

로프트가 약 1도이고 1도 어퍼블로로 임팩트할 경우 볼의 중앙 약간 밑에 임팩트되고 백스핀이 거의 없으며 임팩트의 크기(거리)에 따라 볼은 잔디에서 살짝 뜨고 바닥에 떨어진다. 그리고 오버스핀으로 굴러간다. 이때 공중에 떠 가는 거리는 임팩트의 크기에 따라 달라진다.

그린의 잔디에 최대한 빠르게 오버스핀으로 굴리려면 퍼터의 로프트를 적게 하고 약간의 어퍼블로로 임팩트하면 스키즈 현상이 최소화되고 오버스핀이 빠르게 걸리어 최소한의 힘으로 최대의 거리를 보내게 된다. 또한 잔디와의 마찰이 적어져 방향성과 일관성이 유지된다. 현재 시판되는 퍼터의 로프트는 약 2~4도 정도이므로 자신에게 맞는 어드레스를 연습한다면 최상의 퍼팅이 될 것이다.

프런트 원의 궤도

컴퍼스로 원을 그리듯 머리를 중심으로 원을 그려 본다. 왼발이나 오른발로 원을 그릴 때 하체는 잡고 어깨를 동력으로 헤드 끝으로 원을 그려 보면 원이 어떻게 그려지는지 알 수 있다. 그리고 오른쪽 다리가 강한 골퍼는 오른발, 왼발이 강한 골퍼는 왼발의 축으로 스윙이 된다면 흔들림이 적은 스윙이 가능해진다.

왼발의 축

스윙 중 축은 왼발과 머리가 된다. 스윙 중 최하점 바로 앞쪽에 볼을 위치해야 약간의 어퍼블로로 임팩트가 된다.

오른발의 축

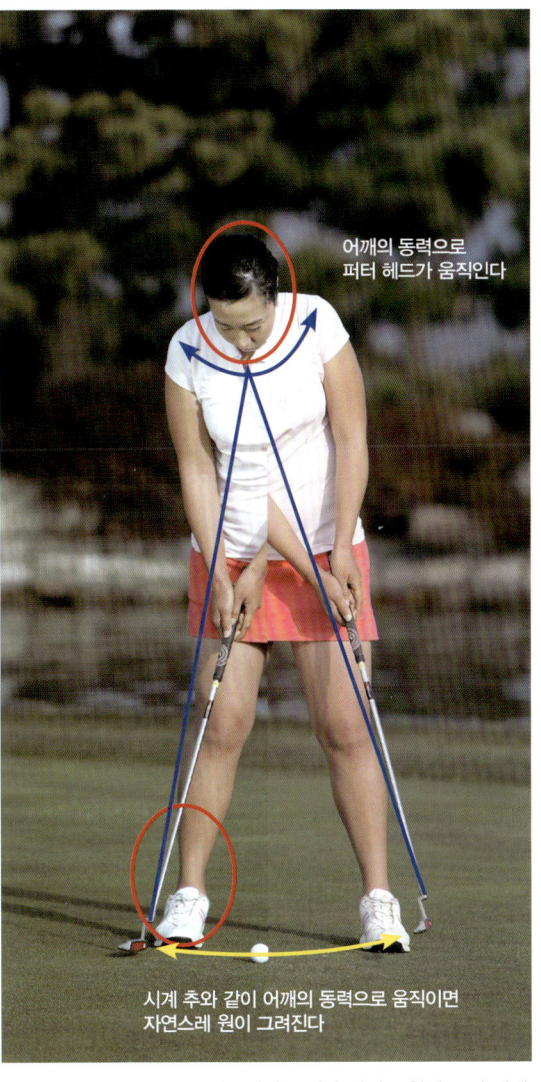

오른발에 축을 두는 어드레스에서도 위와 같이 스윙해 보면 자세만 약간 다를 뿐 같은 크기와 원을 그리면서 볼이 임팩트됨을 알 수 있다. 이때 축은 오른발과 머리가 된다. 또한 스윙 중 최하점 바로 앞부분에 볼을 위치해야 약간의 어퍼블로로 임팩트된다.

백 원의 궤도

어드레스 시 척추의 각은 스윙 시 궤도를 결정하는 중요한 요소다. 척추가 세워지거나 숙여지면 어깨가 앞뒤, 아래위로 움직여 임팩트 존을 길거나 짧아지게 한다.

척추 각의 움직임

척추와 손목의 각이 적은 어드레스

어드레스 시 척추의 각이 세워지면 스윙 시 어깨가 앞뒤로 움직여 임팩트 존이 짧아지므로 일관성이 떨어진다. 그러나 척추가 세워져 있어 거리감이 좋아진다.

척추와 손목의 각이 많은 어드레스

어드레스 시 척추의 각이 숙여지면 스윙 시 어깨가 아래위로 움직여 임팩트 존이 길어지므로 일관성이 좋아진다. 그러나 척추가 숙여져 있어 거리감이 떨어진다.

잘못된 원의 궤도

어드레스에서 팔을 오각형으로 만들고, 백스윙 하며 헤드를 바닥에 낮게 움직이려다 보면 팔의 오각형이 펴지는데 이런 상황이 되면 다시 팔을 오각형을 만들며 다운해야 하므로 일관성이 크게 떨어진다. 어깨로 원을 그리지 못하고 팔을 움직이며 스윙하면 일관성이 떨어진다.

어드레스에서 팔을 오각형으로 만들고 백스윙 하며 자연스런 원을 그려 톱을 만들고 피니시를 낮게 하려고 임팩트 이후 바닥으로 낮게 움직이면 팔의 오각형이 펴지며 다운해야 하므로 일관성이 크게 떨어진다.

어드레스에서 척추의 각을 축으로 척추의 각에 맞게 백스윙하면 자연스런 원이 그려지는 톱을 만들어야 하는데 타깃에 헤드를 똑바로 빼려다 보면 팔의 오각형이 펴져서 그림을 그리듯 다시 팔을 오각형을 만들어 임팩트해야 하므로 일관성이 매우 떨어진다.

백스윙을 손으로 하여 헤드가 아웃으로 빠지거나 과도한 인이 되면 헤드는 아웃-인으로 볼이 임팩트되거나 인-아웃으로 임팩트되어 구질이 나빠진다.

원 퍼팅은 매우 단순하여 백스윙과 다운스윙이 어깨의 원으로만 이루어지는데 이 원을 팔 또는 손목으로 변형시키면 스윙 중 어깨의 원이 아닌 손목이나 팔의 원이 추가되어 일관성이 떨어진다. 원 퍼팅은 볼을 멀리 보내는 것이 아니므로 어깨의 원 하나면 충분하다.(비거리를 위한 스윙을 할 때는 허리와 손목과 팔의 원을 더 추가해야 한다.)

4 그립

그립이란 운동 시 필요한 기구를 잡는 손의 자세로, 모든 운동(테니스 · 배드민턴 · 야구 · 아이스하키 등)에서 매우 중요하다. 그립을 잘 잡아야 양손의 사용을 올바르게 하여 항상 일정하고 좋은 방향을 자연스레 유지할 수 있다.

좋은 그립이란
① 양손의 힘이 스윙 중 균등하게 작용되어야 하고
② 임팩트에서 퍼터 페이스가 자연스레 타깃과 직각이 되어야 하며
③ 어깨를 너무 경직시키지 않아야 하고
④ 어깨의 움직임에 의한 힘의 전달이 흐트러짐 없이 헤드로 전달되어야 한다.

왼손 잡기

그립의 기준은 손목을 많이 사용하여 거리를 내느냐 아니면 손목을 적게 사용하여 방향을 얻느냐에 달려 있다. 그러므로 손목을 많이 사용하려면 핑거 그립을, 손목을 적게 사용하려면 팜 그립을 잡아야 한다.

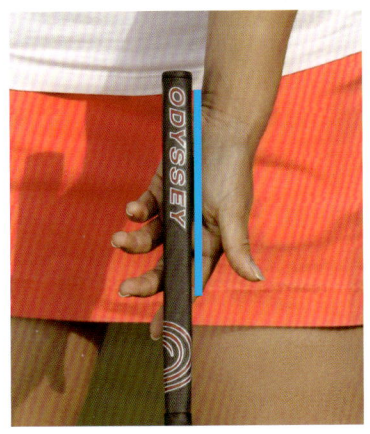

손바닥 연결선상으로 그립을 가로지르는데 퍼터의 그립 위쪽 납작한 부분에 생명선의 위쪽 두툼한 부분을 요철처럼 밀착시킨다.

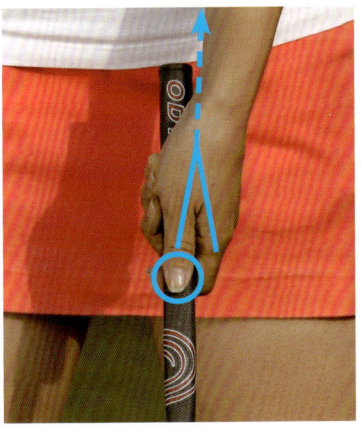

왼손 그립을 앞에서 보면 엄지손가락이 그립의 납작한 부분에 똑바로 위치하고 V홈이 왼쪽 어깨를 향해야 임팩트에서 퍼터 페이스가 자연스레 타깃에 대해 직각으로 돌아오기 쉽다.

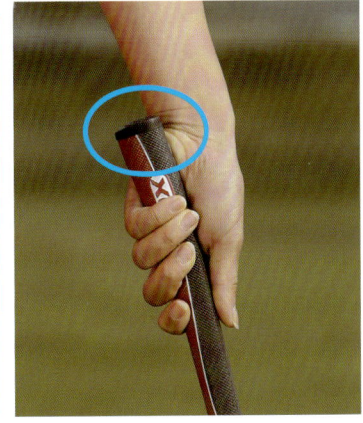

옆에서 보면 그립 끝은 왼손 끝보다 5mm 정도 튀어나와야 스윙 중 힘이 분실되지 않고 퍼터 헤드로 전달할 수 있다.

그립을 잡는 형태

오른손은 아래와 같이 여러 형태로 그립할 수 있다. 자신의 양 손의 힘에 맞게 선택해야 스윙 시 양손을 적절히 사용할 수 있어 좋은 스윙이 가능해진다.

역 오버래핑 그립

퍼팅의 그립 중 가장 기본적인 그립이다. 왼손은 네 손가락으로 잡고 오른손은 다섯 손가락으로 다 잡는 이유는 감각이 좋은 오른손으로 다 잡음으로써 거리와 방향을 유지하기 위해서이다. 왼손보다 오른손 감각이 좋은 골퍼에게 맞다.

베이스 그립

힘이 없는 골퍼에게 맞는 그립이다. 손이 서로 겹치는 다른 그립보다 열 손가락을 모두 잡아 그립에 힘이 있어 스윙이 쉬운 장점이 있고 양손이 따로 떨어져 있으므로 임팩트 존이 나빠져서 일관성이 떨어지기도 한다.

크로스 핸드 그립

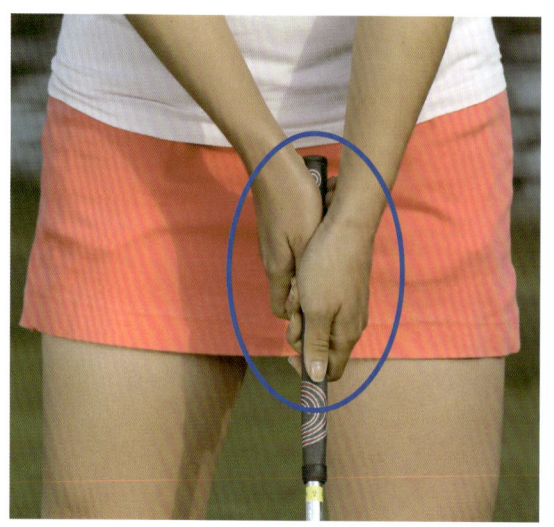

오른손을 많이 쓰는 골퍼가 오른손목의 쓰임을 자제하기 위해 고안한 그립으로, 손목 움직임이 적은 대신 오른손이 왼손 위에 있어 거리감이 떨어진다.

권총 그립

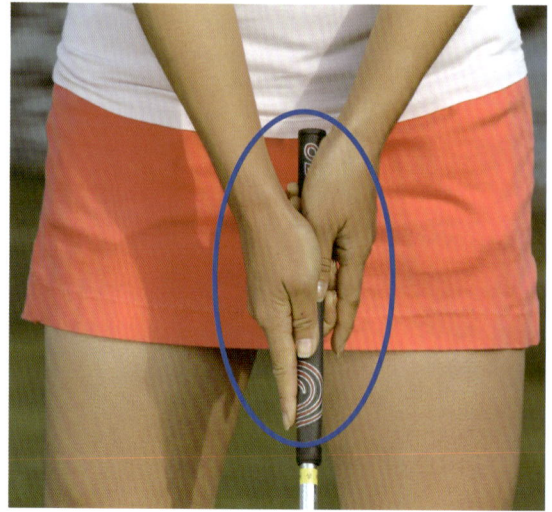

역 오버래핑으로 잡고 왼손과 오른손 검지를 펴 주는 그립으로, 퍼터 헤드의 흔들거림을 잡아 주는 왼손 검지와 오른 검지가 특징이다. 헤드 움직임을 최소화한다.

오른손 잡기

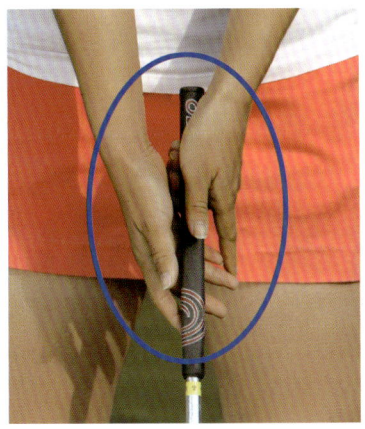 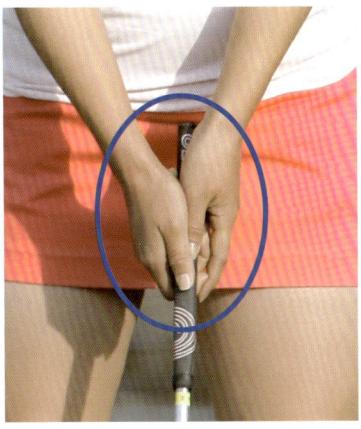 

먼저, 잡은 왼손의 검지를 그립에서 떼고 그 자리에 오른손을 붙여 넣은 뒤 왼손 엄지가 반이 보이도록 오른 엄지를 퍼터 중앙에 부드럽게 내려놓는다.

앞에서 보면 왼손등은 타깃을 향하고 양쪽 엄지는 그립의 중앙 납작한 면에 위치하고 오른손 엄지와 검지는 붙인다. 또한 오른 V홈은 오른쪽 어깨를 향한다.

옆에서 보면 그립의 끝이 손의 끝보다 더 튀어나와 있다.

그립 시 양 V홈이 턱으로 향할수록 양 팔꿈치가 몸에서 벌어져서 스윙 시 방향과 일관성이 떨어진다.

그립 시 양 V홈이 양 어깨로 향하면 양 팔꿈치가 몸에 적절히 붙게 되어 스윙 시 방향과 일관성이 좋아진다.

그립의 압력 정도

퍼팅에서 그립의 압력은 그 잡는 정도에 따라 스윙하는 속도와 비례하는데, 압력이 약하면 스윙은 느려져야 하고 강하면 조금은 빨라져야 손과 헤드의 일체감을 느낄 수 있다.

전체적인 그립의 압력

전체적인 그립의 압력은 어깨를 경직시키지 않으면서 팔과 손, 헤드와의 일체감을 느끼는 압력을 유지해야 한다. 특히 비거리를 내는 클럽보다 그립의 압력을 더 단단히 해야 손과 클럽 헤드와 일체감이 좋아진다.(60~80%의 압력)

압력 부위

압력 부위는 왼손은 전체에 동등한 압력을 오른손 엄지와 검지의 V홈에 힘을 가한다. 이것은 손의 위아래로 힘을 주어서 스윙 시 퍼터의 움직임을 방지하여 스윙 중 손과 헤드의 일체감을 가지기 위해서이다.

압력과 스윙의 속도

그립의 압력과 스윙의 속도는 비례해야 한다. 그립의 압력이 강하면 스윙이 다소 빨라져야 몸의 경직이 오래가지 않고, 압력이 약하면 스윙 속도가 느려져야 손과 퍼터가 일체감이 좋아진다.

그립 압력은 약한데 스윙이 빨라지면 손과 헤드의 일체감이 없어져 일관성이 떨어진다. 그래서 압력이 약한 그립은 손과 퍼터의 일체감을 위해 스윙의 속도는 느려지고 스윙은 커진다.

그립의 압력은 강한데 스윙이 느리면 스윙 중 어깨가 경직되어 거리감이 떨어진다. 그래서 압력이 강한 그립은 손과 퍼터의 경직되는 시간을 줄이기 위해 속도가 빨라져야 하고 스윙의 크기는 작아진다.

전체적인 그립의 압력은 스윙 중 어깨를 경직시키지 않으면서 손목의 단단함을 유지시키는 압력이어야 스윙의 크기가 작아지면서 간결한 퍼팅이 된다.

가장 많은 그립의 오류

왼손 위에 오른 엄지를 겹치면 쉽게 양 겨드랑이가 몸에서 떨어져 스윙 시 몸과 손의 일체감이 없어 일관성이 떨어진다.

퍼터의 길이는 긴대 어드레스를 낮게 하면 그립의 끝이 튀어나와 스윙 중 그립의 끝이 옷에 걸려 미스가 나기도 하고, 짧게 그립함으로써 헤드의 무게가 달라지기도 한다.

손에 힘을 뺀다고 양손의 엄지와 검지를 느슨하게 잡고 스윙하면 손과 헤드의 일체감이 약해져 일관성이 떨어진다.

그립 끝보다 손을 위로 잡고 스윙하면 손의 힘이 약해 헤드로 전달이 약해지므로 흔들리기 쉬워 일관성이 떨어진다.

그립 체크 포인트

5 얼라이먼트

얼라이먼트란 볼과 골퍼의 몸 그리고 몸과 목표와 조준하는 것으로, 프로 골퍼가 좋은 퍼팅을 하고도 볼을 정확한 방향으로 보내지 못하는 이유는 얼라이먼트가 잘못되었기 때문이다. 그만큼 얼라이먼트는 중요하므로 프로 골퍼들이 시합 전이나 수시로 얼라이먼트를 점검하는 것이다.

얼라이먼트의 중요성

좋은 얼라이먼트를 하기위해서는
① 목표에 대해 편안하게 어드레스가 되어야 한다.
② 목표에 볼을 보낼 수 있는 자신감이 생겨야 한다.
③ 스윙이 자연스럽게 이루어질 수 있어야 한다.

얼라이먼트를 쉽게 하는 순서

일반적인 얼라이먼트의 방법은 다음과 같다.

볼과 목표의 뒤쪽에서 가상으로 타깃라인을 긋고 가상의 타깃라인의 특정한 마크(가랑잎, 디봇, 잔디 등)를 지정한다.

지정한 마크에 대해 클럽 페이스를 직각 또는 평행으로 놓는다.

마지막으로 타깃라인과 평행이 되도록 엉덩이와 어깨를 정렬한다.

클럽 페이스에 직각으로, 지정한 마크와 볼에 대해 평행으로 스탠스한다.

실전에서의 얼라이먼트

그린에서 어드레스를 할 때 경사가 전혀 없는 경우 스탠스와 볼과의 거리만큼 홀컵과 평행하게 정렬해야 한다. 즉 스탠스의 방향은 홀의 약간 왼쪽을 향하고 있어야 스윙 시 볼이 홀컵으로 굴러간다.

얼라이먼트를 점검하는 방법

이 얼라이먼트의 오류는 본인도 모르는 사이 자신의 잘못된 구질에 의해 적응하기 위해 달라지며 습관화되는데 적어도 일주일에 한 번은 자신의 동반자에게 확인을 요하는 것이 좋다. 그래도 교정이 필요하다면 여러 가지 방법으로 확인이 가능하다.

얼라이먼트의 잘못을 확인하기 위해 양팔을 뻗어 보면 바로 스탠스의 방향을 확인할 수 있다. 이때 스탠스와 어깨의 방향을 일치시켜 본다.

얼라이먼트의 잘못을 확인하기 위해 클럽을 스탠스 양발 끝 위에 평행하게 45도로 맞추고 고개를 돌려 보면 바로 스탠스의 방향을 확인할 수 있다.

가장 확실하게 교정하려면 퍼터나 얼라이먼트 크로스를 타깃 방향으로 놓은 뒤에 스탠스를 잡고 어드레스한다. 이때 놓은 기구를 치우고 스윙하는 것은 벌타를 받지 않는다. 그러나 시간이 많이 걸리므로 동반자들에게 피해가 되지 않도록 신속히 행동한다.

얼라이먼트의 교정은 반복해서 실시하고 꾸준히 감각을 익혀야만 교정이 가능해진다.

6 어드레스

손으로 클럽을 잘 잡았으면 백스윙과 다운스윙을 자연스럽고 정확히 하기 위해 좋은 어드레스가 필요하다. 어드레스가 나쁘면 스윙 중 자연스런 어깨의 턴, 스윙의 궤도, 몸과 팔의 움직임이 나빠져서 일관성 없는 임팩트가 되어, 거리감과 구질, 일관성까지 나빠진다. 실수가 적어지는 어드레스를 알아보자.

어드레스의 중요성

좋은 어드레스는
① 편안하고 안정감이 있어야 하고
② 스윙 중에도 하체가 전혀 움직임이 없어야 하며
③ 스윙 중 필요 없는 힘이 들지 않아야 하고
④ 힘 있는 곳과 힘이 빠져 있는 곳을 구분해야 하며
⑤ 몸이 경직되 지 않아서 스윙에 방해가 되지 않아야 한다.

적절한 스탠스의 폭

어드레스에서 적절한 스탠스의 폭은 스윙 중 체중의 고정과 균형을 잡고 몸을 안정적으로 중심을 잡아 주는 역할을 한다. 그래서 너무 좁거나 넓으면 자연스런 스윙을 방해하여 일관성이 떨어진다.

스탠스의 폭과 움직임

스탠스가 너무 좁으면 스윙 시 균형 잡기가 어려워지고 체중의 움직임이 많아져 일관성이 떨어진다.

스탠스가 너무 넓어지면 몸이 경직되어 어깨의 움직임이 나빠져서 거리감이 떨어진다.

적절한 스탠스의 폭

일반적인 스탠스의 폭은 어깨 넓이가 적절한데 이는 스윙 중 체중의 고정과 균형 잡기가 쉬워지기 때문이다.

스윙 중 어깨의 움직임이 부드러워야 거리감이 좋아진다.

적절한 체중 분배

어드레스 시 올바른 체중 분배는 스윙 시 한쪽 발에 체중을 쉽게 고정하여 일관성과 스윙의 타법에 기여하게 되는데 체중 분배가 확실할수록 스윙 시 체중의 움직임이 적어 일관성과 방향이 좋아진다.

체중 분배와 움직임

체중이 중앙에 있으면 스윙 중 체중 이동이 쉬워져 체중 이동 중에 임팩트되므로 일관성이 떨어진다.

적절한 체중 분배

어드레스 때에 오른발이나 왼발에 70~90%의 체중을 실으면 스윙 중 축이 하나가 되어 백스윙과 임팩트, 팔로우 시 체중의 고정이 확실하여 체중 이동이 어려워져 일관성이 좋아진다. 특히 두 다리 중 힘이 강한 다리에 축을 삼아 스윙하는 것이 효과적이라 할 수 있다. 그래야 움직임이 더욱 적어진다.

적절한 볼의 위치

어드레스 시 볼의 위치에 따라 타법이 달라지는데 가장 좋은 스윙의 타법은 퍼터의 헤드가 최하점을 바로 지나 올라가면서 임팩트되는 것이다. 그러므로 헤드가 볼에 이상적으로 접근하기 위해서는 어드레스에서 최하점의 체중 위치에서 바로 앞쪽에 볼이 위치해야 한다.

볼의 위치와 움직임

왼발에 체중이 있고 볼이 중앙에 위치하는 어드레스는 다운 시 볼에 헤드가 가파르게 접근되고 다운블로로 임팩트되어 볼에 백스핀이 걸리고 스키즈 현상이 길어져 그린의 영향을 많이 받아 거리와 일관성이 떨어진다.

오른발에 체중이 있고 볼이 중앙에 위치하는 어드레스는 다운 시 볼에 헤드가 최하점을 많이 지나 접근되고 과도한 어퍼블로로 임팩트되면 클럽 페이스의 움직임이 많아져 일관성이 떨어진다.

적절한 볼의 위치

어드레스를 취하고 그립에 끝을 잡고 늘어 뜨리면 헤드가 가리키는 위치가 최하점이 된다. 어드레스를 하고 왼발과 오른발로 체중을 옮겨 보면 헤드도 같이 움직이는 것을 볼 수 있다. 어느 발에 체중을 실을 것인지 결정하고 최하점 바로 앞에 볼을 위치시킨다.

어드레스를 취하고 왼발에 체중을 싣고 그립에 끝을 잡고 늘어 뜨리면 헤드가 가리키는 위치가 최하점이 된다. 이때 볼을 바로 앞에 위치한다.

어드레스를 취하고 오른발에 체중을 싣고 그립에 끝을 잡고 늘어뜨리면 헤드가 가리키는 위치가 최하점이 된다. 이때 볼을 바로 앞에 위치시킨다.

이렇게 어드레스에서 체중의 위치에 따라 볼의 위치는 조금씩 달라진다. 볼을 최하점 앞에 위치해 주는 이유는 조금이라도 오버스핀을 빠르게 걸리게 하여 그린의 영향을 적게 받게 하여 방향성이 좋아지고 조금의 힘에도 볼을 멀리 보낼 수 있어 거리감이 좋아지기 때문이다.

적절한 머리의 위치

어드레스 시 머리 위치가 중요한 이유는 크게 두 가지로 나누어지는데 하나는 스윙의 중심이 되고 또 한 가지는 스윙의 타법에 관련된다. 그래서 볼 뒤에 머리가 위치하면 어퍼블로, 볼 앞에 머리가 위치하면 다운블로가 자연스럽게 만들어진다.

머리의 위치와 움직임(프런트)

볼에서 과도하게 뒤에 위치한 머리의 움직임

어드레스 시 머리의 위치가 볼보다 과도하게 뒤에 있으면 스윙 시 축이 머리가 되므로 헤드 궤도가 최하점을 지나 많이 올라갈 때 임팩트되어 손목의 움직임이 많아져 방향과 일관성이 떨어진다.

볼에서 과도하게 앞에 위치한 머리의 움직임

어드레스 시 머리의 위치가 볼보다 앞에 있으면 스윙 시 축이 머리가 되므로 헤드 궤도가 최하점을 지나기 전 임팩트되어 볼이 눌러지기 때문에 잔디와의 마찰에 의해 방향성이 떨어지는 반면 손목의 움직임이 적어 일관성은 좋아진다.

적절한 머리의 위치와 움직임

어드레스에서 머리의 위치는 타법에 관여하고 또한 머리는 스윙 중 축이 되므로 어떠한 상황에서라도 축이 움직이면 방향과 일관성은 떨어진다.

머리가 좌우로 움직이면
퍼터도 따라 움직인다

머리 바로 앞에
볼이 위치한다

어드레스 시 머리의 위치가 볼 바로 뒤에 위치하면 스윙 시 축이 머리가 되므로 헤드 궤도가 최하점을 지나고 바로 임팩트되어 오버 스핀을 최대한 빠르게 걸리게 하여 비거리 및 방향성이 좋아진다.

머리의 위치와 움직임(백)

볼 앞뒤에 위치한 머리

어드레스 시 머리의 위치가 볼보다 앞에 있거나 뒤에 있으면 볼과 목표의 지점이 똑바로 보이기 어려워 얼라이먼트의 오류가 쉽게 일어나며 또한 스윙 시 임팩트 존의 궤도가 나빠져 방향이 나빠진다.

적절한 머리의 위치

어드레스 시 머리의 위치는 눈 바로 밑에 볼이 위치해야 한다. 그러면 얼라이먼트가 좋아지고 스윙 중 임팩트 존의 궤도가 좋아져 방향과 일관성이 좋아진다.

어드레스에서 머리의 위치는 스윙 중 축이 되므로 정확한 위치에 고정되어야 얼라이먼트가 올바로 이루어지고 임팩트 존의 궤도와 클럽 페이스의 움직임이 일정해지므로 머리의 위치는 매우 중요한 역할을 한다.

적절한 양 팔꿈치의 구부러짐

어드레스 시 양 팔꿈치 구부러짐의 정도에 따라 스윙 시 손과 어깨의 거리를 짧게 또는 길게 하여 스윙 중 어깨와 손과 퍼터 헤드와의 일체감을 쉽게 또는 어렵게 하여 일관성에 크게 관여한다.

양 팔꿈치의 구부러짐의 움직임

양 팔꿈치를 몸에 붙여서 어깨를 움직여 보면 동력인 어깨에서부터 손이 가까워지면 힘이 적게 든다는 것을 알 수 있다.

양팔을 쭉 펴서 어깨를 움직여 보면 힘의 동력인 어깨에서부터 손이 멀어질수록 힘이 많이 든다는 것을 알 수 있다.

적절한 양 팔꿈치의 구부러짐

어드레스 시 팔은 오각형이 되어 어깨로부터 손까지의 거리가 가까워질수록 팔의 길이가 짧아지므로 스윙 시 단단해지고 힘이 적게 들어 헤드와 손의 일체감이 뛰어나 일관성이 좋아진다.

어드레스 시 팔이 삼각형이 되어 어깨로부터 손까지의 거리가 멀어질수록 팔의 길이가 길어지므로 스윙 시 약해지고 힘이 많이 들어 헤드와 손의 일체감이 나빠져 일관성이 떨어진다.

적절한 양 팔꿈치의 위치

어드레스 시 팔의 모양은 오각형이 되는데 이 오각형에서 양 팔꿈치의 위치는 스윙 시 몸과 팔에 일체감을 주기도 하고 분리되는 느낌을 주기도 하므로 양 팔꿈치의 좋은 위치를 알아보자.

벌어진 팔꿈치

양 팔꿈치가 몸에서 떨어질수록 스윙 시 양 겨드랑이의 큰 근육이 팔을 잡아 주는 힘이 약해지고 따라서 스윙 시 몸과 팔의 움직임에 일관성이 떨어진다.

붙은 팔꿈치

양 팔꿈치가 몸에 과도하게 붙으면 스윙 시 양 팔이 몸에 너무 붙어 움직임이 경직되고 스윙 시 양 팔꿈치가 허리를 움직이게 하여 일관성이 떨어진다.

적절한 팔꿈치

겨드랑이가 적절히 붙어 있다

어드레스 시 몸에 팔은 겨드랑이만 살짝 붙고 양 팔꿈치는 조금 떨어져야 한다. 그래야 양 팔꿈치와 몸과의 공간이 약간 생겨 스윙 시 양팔이 몸을 기준으로 지나다니는 길이 되어 일관성이 좋아진다.

스윙 중 양 팔꿈치는 오각형이 되고 겨드랑이를 살짝 조인 느낌의 어드레스가 된다. 또한 스윙 중 어깨를 중심으로 팔은 단단히 하여 헤드의 움직임과 일체되어 움직여야 하고 어깨의 부드러움으로 거리감을 느껴야 좋은 퍼팅을 구사할 수 있다.

적절한 손의 위치

어드레스 시 손의 위치는 매우 중요한데 그 이유는 좋은 손의 위치는 임팩트에서 원하는 타법을 구사하게 만들어 구질을 좋게 하며 일관성을 좋게 하고 스윙 중 손목의 움직임을 절제시켜 준다.

손의 위치와 움직임(프런트)

볼에서 과도하게 뒤에 위치한 손의 움직임

어드레스 시 손의 위치가 볼보다 과도하게 뒤에 있으면 스윙 시 손목의 움직임이 많아져 어퍼블로가 심해지고 임팩트에서 페이스가 닫히기 쉬워 일관성이 떨어진다.

볼에서 과도하게 앞에 위치한 손의 움직임

어드레스 시 손의 위치가 볼보다 과도하게 앞에 있으면 스윙 시 궤도가 최하점을 지나기 전 임팩트되어 페이스가 열리며 푸시의 볼이 되기 쉽고 또한 볼이 눌러져 잔디와 마찰에 의해 방향성과 일관성이 떨어진다.

적절한 손의 위치와 움직임

어드레스 시 손의 위치가 볼 바로 위에 위치하면 스윙 시 손목의 움직임이 적절히 제한되고 또한 적절한 어퍼블로가 되어 방향과 일관성이 좋아진다.

이렇게 손의 위치는 스윙 중 손목의 움직임과 손과 헤드의 일체감에 관여되어 방향과 일관성에 중요한 역할을 하게 된다.

손의 위치와 움직임(백)

볼에서 과도하게 뒤, 위에 위치한 손의 움직임

어드레스 시 손의 위치가 볼보다 과도하게 뒤에 있으면 손으로 퍼터의 헤드를 들고 스윙을 해야 하므로 손이 경직되고 단단해져 일체감은 좋아지나 반대로 임팩트 존이 짧아져 일관성이 떨어진다.

어드레스 시 손의 위치가 볼 위에 있으면 손목이 너무 꺾이게 되어 힘이 없다. 따라서 스윙 중 손목의 힘이 없어 일체감이 떨어지고, 반대로 볼 위에 손이 있어 임팩트 존이 길어져 일관성이 좋아진다.

적절한 손의 위치와 움직임

이렇게 손의 위치는 스윙 중 손목의 단단함과 임팩트 존의 길이와 관계되므로 방향과 일관성에 중요한 역할을 한다.

어드레스 시 손의 위치가 볼보다 약간 뒤에 위치하면 손목이 적절히 꺾여 손목에 힘이 들어가 단단해져 일체감은 좋아지고 스윙 시 임팩트 존이 적절히 길어져 일관성이 좋아진다.

적절한 척추의 각

척추의 각과 움직임(프런트)

기본적인 스윙을 전제로 척추의 각이 똑바로 세워지면 다운블로의 스윙이 되고, 척추의 각이 오른쪽으로 기울어지면 기울어질수록 사이드블로가 되거나 더 심하게 기울어지면 어퍼블로 스윙이 자연스레 구사된다.

적은 척추 각의 움직임

가파르다

어드레스에서 척추의 각이 세워지면 백스윙이 가팔라지고 톱에서도 척추의 각이 세워지는데 다운 시 적은 척추의 각에 의해 다운되면 퍼터가 볼에 다운블로가 쉽게 된다.

많은 척추 각의 움직임

완만하다

어드레스에서 척추의 각이 과도하게 숙여지면 백스윙이 완만해지고 톱에서도 척추의 각이 숙여지는데 다운 시 많은 척추의 각에 의해 다운이 되면 퍼터가 볼에 과도한 어퍼블로가 쉽게 된다.

적절한 척추의 각

어드레스에서 척추의 각을 원하는 어퍼블로 각만큼 숙이면 백스윙이 적절히 완만해지고 톱에서도 척추의 각이 적절히 숙어져서 다운 시 적절한 어퍼블로 임팩트된다.

스윙 중 척추의 각은 스윙의 타법에 직접적인 관계를 하여 다운블로 또는 어퍼블로의 타법을 자연스레 만드는 가장 중요한 역할을 한다고 말할 수 있다.

척추의 각과 움직임(백)

기본적인 스윙을 전제로 어드레스 시 척추의 각은 스윙 시 궤도를 결정하는 중요한 역할을 한다. 척추가 세워지면 어깨가 앞뒤로 그리고 숙여지면 아래위로 움직여 임팩트 존을 길게 하거나 짧아지게 한다.

척추 각의 움직임

어드레스 시 척추의 각이 세워지면 스윙 시 어깨가 앞뒤로 움직여 임팩트 존이 짧아 지므로 일관성이 떨어진다.

어드레스 시 척추의 각이 숙여지는 만큼 스윙시 어깨가 아래위로 움직여 임팩트존이 길어지게 되어 그만큼 일관성이 좋아지는 장점이 있다.

가장 많은 어드레스의 오류

일반적인 골퍼가 가장 많은 오류를 범하는 어드레스는 아래와 같다. 이런 자세들은 스윙 중 좋은 볼을 칠 수 없게 만든다.

허리가 아프다고 너무 서거나 손목의 각이 적으면 손이 몸에 과도하게 붙어 백스윙과 다운 시 손목의 움직임이 나빠진다.

팔을 너무 펴면 힘이 약해지고 스윙 시 어깨와 팔의 일체감이 떨어져 일관성이 나빠진다.

양 팔꿈치가 몸에서 떨어지면 스윙 시 일체감이 떨어져 일관성이 나빠진다.

머리보다 볼이 멀리 위치하면 방향을 잡기가 어렵고 스윙이 나빠진다.

어드레스 체크 포인트

퍼팅에는 왕도가 없다고 하지만 자신에게 맞는 퍼터를 선택하여 페이스가 똑바로 움직일 수 있도록 그립하고 방향과 일관성이 좋아지는 어드레스를 취한다면 틀림없이 방향과 일관성, 거리감이 좋아진다. 골퍼들의 키, 체중, 유연성, 나이, 성별 등이 모두 다르므로 취할 수 있는 만큼 취하여 조금의 실수에도 확률을 높이는 것이 타수를 낮추는 최선의 지름길이다.

7 스윙

퍼팅의 스트로크는 멀지는 않지만 여러 위치의 거리를 맞추고 일관성 있는 방향을 위해 스윙은 부드럽고 천천히 여유 있게 움직여야 하고 정적인 어드레스와 그립, 얼라이먼트를 원리에 맞게 정확히 하면 스트로크는 보다 자연스럽게 이루어진다. 그리고 더욱 더 좋은 방향과 일관성을 갖기 위해 스윙 중 꼭 지켜야 하고 실행해야 할 중요한 지침들을 알아 보자.

임팩트

퍼팅의 중요한 구성 요소는 ① 거리감(임팩트) ② 경사도(경험) ③ 방향(스퀘어)이라 할 수 있는데 그 중 가장 중요한 것은 다양한 거리감이다. 퍼팅은 거리감만 있다면 경험에 의해 경사도와 방향은 자연스레 이루어지므로 매우 중요하다 볼 수 있다.

임팩트의 이해

모든 구기 종목에서 그러하듯이 볼을 원하는 거리만큼 원하는 방향으로 보내려면 볼에 임팩트를 얼마나 어떻게 주는가에 달려 있다.

보내고 싶은 거리 만큼 볼을 차거나 때린다.(임팩트를 준다.)

임팩트의 크기와 느낌

일상생활에서의 망치질을 연상해 보자. 나무에 못을 박아 보면 임팩트의 개념을 알 수 있을 것이다.

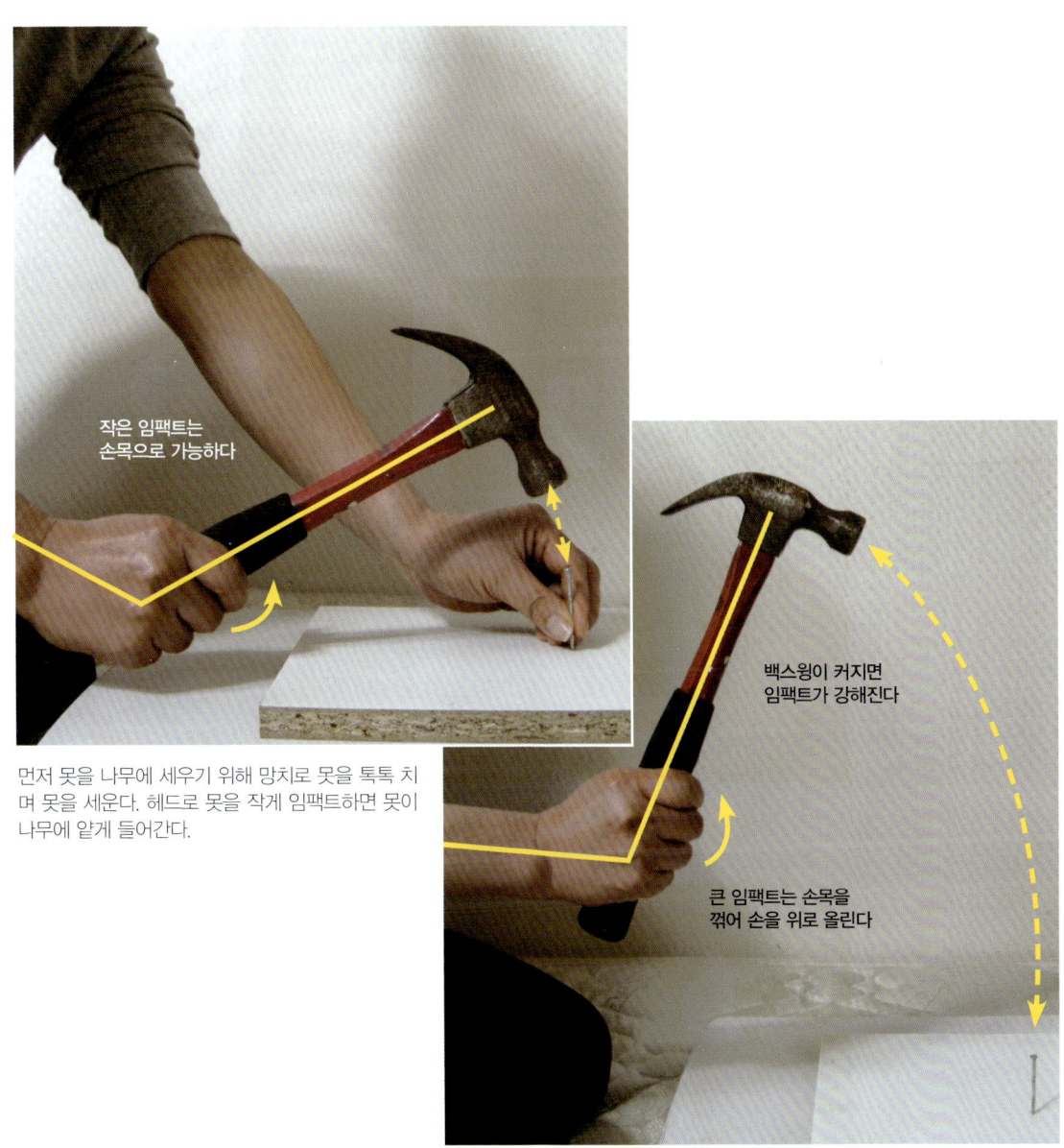

먼저 못을 나무에 세우기 위해 망치로 못을 톡톡 치며 못을 세운다. 헤드로 못을 작게 임팩트하면 못이 나무에 얕게 들어간다.

못에 임팩트를 세게 가해 보면 자연스레 백스윙은 커지고 그만큼 못은 깊이 나무에 박힌다.

이렇게 망치질을 10~20개 정도 해 보면 임팩트의 강약을 느낄 수 있으며, 마음먹은 대로 임팩트할 수 있다는 것도 알 수 있다. 또한 백스윙 크기는 임팩트의 강약에 따라 자연스럽게 만들어진다는 것과, 임팩트 이후는 전혀 생각하지 않는다는 것을 알 수 있다.

임팩트의 확인

망치질을 실전에서 응용해 보자. 볼을 열 개 놓아 두고 먼저 2m의 거리의 홀컵을 보고 앉아서 집에서 사용하는 망치로 볼 뒤를 쳐서(임팩트) 홀 컵에 넣어 보자. 쉬워지면 5m, 10m 등 다양한 거리를 10분 정도 해 본다.

짧은 거리는 한손으로 볼 뒤를 쳐 보면 생각보다 쉽게 거리감과 방향이 좋아진다.

두 손으로 거리와 방향을 잡아 보면 적은 힘으로 거리감과 방향이 좋아진다.

이 망치 퍼팅은 어떠한 스윙의 형태가 아닌 그냥 본능적으로 하는 퍼팅이다. 보이는 만큼 백스윙 크기를 생각하지 않고 임팩트만 주면 쉽게 홀컵에 붙일 수 있었을 것이다. 그냥 임팩트만 생각하면 쉬운데 우리는 지금까지 너무 많은 것을 생각해 온 것이 아닐까?

먼 거리도 적은 힘으로 큰 스윙이 필요 없이 임팩트에 의해 거리감과 방향이 좋아진다.

임팩트의 실전

임팩트는 볼에 충격을 가한 만큼 굴러가는 매우 단순한 논리에서 시작된다.

먼저 망치 퍼터로 망치로 임팩트를 주었던 느낌을 살려서 숏, 미들 퍼팅으로 임팩트해 보면 바로 적응될 것이다.

이제 퍼터만 바꾸어 망치 퍼터와 같은 느낌을 살려서 다양한 거리에 적절한 임팩트를 연습해 보면 거리감이 연습한 만큼 완전히 몸이 느낄 것이다.

그러나 이러한 느낌으로도 임팩트가 무엇인가를 느끼기가 어려운 골퍼는 오랫동안 퍼팅을 할 때에 임팩트 보다 자세에 너무 연연해 그냥 스윙의 궤도를 그림을 그리는 형식적인 퍼팅이었을 것이다.

임팩트 느끼기

골프 연습장의 돌 기둥이나 벽에 볼을 임팩트해 보면 내가 볼을 밀어 보내는 것인지 임팩트를 주면서 퍼팅을 하는 것인지 바로 알 수 있다.

짧은 거리는 작게 임팩트해야 하는데, 밀면 헤드가 벽에 닿는다. 임팩트 이후 헤드는 볼이 다시 오도록 기다려야 한다.

임팩트에서 페이스가 닫히거나 열리면 벽에 맞고 다른 곳으로 튕기게 되어 잘못을 바로 알 수 있다.

앞에서 연습한 단단한 벽의 반동은 조금의 임팩트에도 쉽고 부드럽게 튀어나오므로 숙달되었다면 잘 튀어나오지 않는 벽에 2~4m의 간격을 두고 임팩트해 보면 임팩트 느낌을 확실히 느낄 수가 있다.

위의 임팩트 연습만 제대로 해도 임팩트를 느끼며 거리감과 방향을 최대로 느낄 수 있다.

스윙의 지침

손목과 팔을 단단히 하고 스윙한다 — 어깨의 원으로만 스윙

스윙 시 손목과 팔꿈치는 단단히 고정하고 반대로 움직임의 동력인 어깨는 거리감을 위해 항시 부드럽게 유지해야 손목과 팔꿈치의 단단함에 의해 손과 퍼터 헤드의 일체감이 좋아지고 퍼팅의 동력인 부드러운 어깨에 의해 임팩트해야 거리감이 좋아진다.

어드레스 시 어깨와 일치되게 손목과 팔꿈치, 겨드랑이를 조금 단단하게 준비한다. 머리와 체중 실린 발을 축으로 팔의 오각형을 톱까지 그대로 유지하여 백스윙하고, 어깨의 꼬임과 중력 그리고 헤드 무게를 이용하여 어깨의 동력으로 가속시켜 볼에 임팩트한다.

잘못된 움직임 및 교정

백스윙을 어깨의 턴이 아닌 손목으로 하면 다운스윙도 손목으로 하게 되어 손목이 움직여 일관성이 떨어진다.

백스윙을 시작할 때 어깨의 동력이 아닌 손으로 페이스를 똑바로 또는 낮게 보내려고 손과 팔을 사용하면 일관성이 떨어진다.

아마 골퍼들은 스윙 중 손목의 관절이나 팔꿈치 관절의 움직임이 많아 혼자서 자세를 교정하기 쉽지 않으므로 교정 장비를 이용하면 도움이 된다.

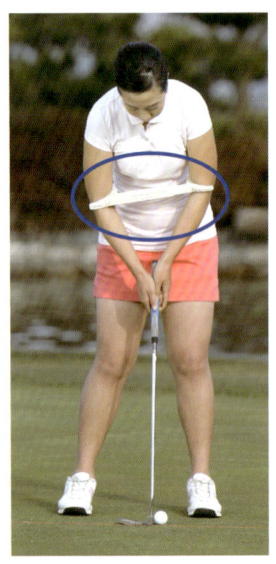   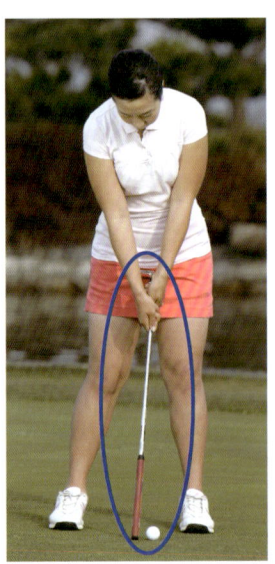

양 팔꿈치를 기구로 연결하여 고정한다.

손목 고정 밴드를 하면 골퍼가 손목을 사용하기 어렵다.

손목과 그립 사이에 공을 올려 놓고 연습하면 손목의 움직임을 최소화할 수 있다.

퍼터를 거꾸로 잡고 스윙해 보면 일체감을 느낄 수 있다.

체중을 고정하고 스윙한다

스윙 시 스윙의 축인 머리와 함께 왼발 또는 오른발의 체중은 스윙이 끝날 때까지 고정해야 한다. 스윙 중 머리나 체중이 이동하면 축이 움직여 일관성이 떨어진다.

어드레스 때 체중 분배가 어드레스, 톱, 임팩트 그리고 피니시에 이르기까지 처음 어드레스의 체중 그대로 고정되어 있어야 한다. 오른발이나 왼발의 약 60~80% 체중이 스윙 시 오른발이나 왼발로 약간이라도 옮겨져서는 안 된다.

잘못된 움직임 및 교정

스윙 때 체중의 움직임을 없애려면 왼쪽 무릎이나 오른쪽 허리에 교정 기구를 설치하고 스윙 연습을 하면 확실한 체중의 고정이 가능하다.

머리를 고정하고 스윙한다

어드레스에서 스윙의 축이 되는 머리는 스윙이 끝날 때까지 단단하게 고정해야 한다. 축의 고정이 스윙의 궤도를 일정하게 만들어 일정한 타법과 방향을 유지할 수 있다.

스윙 시 머리는 중요한 축이 되므로 정확한 위치에 있어야 한다. 그리고 머리와 체중이 실린 발을 축으로 팔의 오각형을 그대로 유지하여 머리의 움직임 없이 스윙해야 임팩트 존의 궤도가 항상 일정하게 유지되어 방향과 일관성이 좋아진다.

잘못된 움직임 및 교정

방울 소리가 나지 않게 스윙한다

임팩트 이후 퍼터 헤드와 볼이 타깃으로 나가고 볼 밑의 잔디를 보는 연습을 하면 머리가 고정된 것이다.

홀인 여부가 궁금해 헤드업을 하거나 타깃으로 본인도 모르는 사이에 움직여 구질이 나빠지므로, 모자에 방울을 달고 스윙하면 머리의 움직임을 체크할 수 있어 간단하게 교정이 가능하다. 스윙했는데 방울 소리가 난다면 머리가 움직인 것이다.

척추의 기울기에 따라 임팩트 존의 길이와 궤도가 달라진다

퍼팅에서의 스윙은 머리와 한쪽 발을 축으로 하여 어깨를 동력으로 시계 추처럼 부드러운 리듬으로 움직여져야 하는데 어드레스 시 백뷰에서의 척추의 각에 따라 임팩트 존의 길이와 궤도는 달라진다.

어드레스에서 숙여진 척추의 각을 중심으로 원을 그리는 각각의 궤도가 만들어진다. 그래서 어드레스 시 각 골퍼의 척추의 각에 따라 척추가 세워지면 원의 곡선은 심해지고 숙여지면 완만하여 자연스레 일직선에 가까워진다. 결국 척추의 각이 숙여지면 임팩트 존의 궤도가 일직선에 가까워 일관성이 좋아지지만 머리가 너무 내려가 있어 거리감이 떨어진다.

스윙의 속도는 그립의 압력과 비례한다

스윙의 속도가 그립의 압력과 비례하는 이유는 그립의 압력이 약할수록 퍼터 헤드와의 리듬을 맞추기 위해 스윙이 느려져야 하고 압력이 강할수록 몸이 경직되지 않도록 스윙이 조금은 빨라져야 한다.

그립이 약하면 헤드보다 손이 많이 움직인다

그립의 압력이 약하면 스윙의 속도는 그만큼 느려져야 손과 퍼터 헤드의 일체감이 좋아지고, 스윙의 크기가 커져야 원하는 거리를 보낼 수 있으므로 부드러운 스윙을 해야 한다. 반대로 그립의 압력이 강하면 스윙은 그만큼 빨라져야 일체감이 좋아지는데 만약 스윙이 느리면 스윙 중 어깨가 경직되어 거리감이 떨어진다. 그래서 압력이 강한 그립은 손과 퍼터의 경직되는 시간을 줄이기 위해 속도가 조금은 빨라져야 한다.

손보다 헤드가 늦게 따라온다

스윙 속도는 그립 압력에 비례한다. 그립의 압력이 느슨하면 헤드와 일체감이 떨어지고, 강하면 어깨가 경직되어 거리감이 떨어진다.

스윙의 속도는 그립의 압력에 비례한다. 리듬이 잘 맞지 않으면 어드레스에서 백스윙을 하면서 하나~(헤드가 톱에 위치) 다시 두울~ 하면서 헤드로 볼을 임팩트하는 연습을 하면 어깨와 손과 헤드의 일체감을 느낄 수 있어 일관성이 좋아진다.

머리와 체중 실린 발을 축으로 어깨가 동력이 된다

다양한 거리의 퍼팅은 어깨의 동력으로 스윙을 주도해야 한다. 어드레스에서 스윙의 시작은 축에서 가깝고 힘이 센 어깨로 해야 한다.

스윙 시 근육의 힘이 세고 축에서 가까운 어깨가 동력이 되어야 팔과 손이 어깨를 따라 움직여서 퍼터를 일관되게 움직일 수 있다. 팔이나 손이 어깨를 움직이면 손이나 팔의 작은 근육은 힘이 그만큼 작아 어깨의 움직임이 적어지고 손의 감각에 의존하는 스윙이 되어 일관성이 떨어진다.

잘못된 움직임 및 교정

봉을 끼고 어드레스하고 스윙하면 어깨와 팔의 일체감을 쉽게 느낄 수 있다.

겨드랑이에 수건이나 압력 쿠션을 끼우고 스윙을 하면 어깨와 팔의 일체감을 느낄 수 있다.

백스윙과 다운스윙의 크기

스윙의 크기는 보내야 하는 거리에 따라 조금씩 달라지는데 보내려고 하는 만큼의 임팩트해 보면 자연스레 백스윙의 크기가 1이면 피니시의 크기는 1.5로 이루어진다.

백스윙과 팔로우 스윙의 크기

백스윙의 크기 1과 팔로우의 크기 4인 스윙이 되는 것은 백스윙을 적게 하고 볼에 임팩트를 주지 못하고 밀면서 피니시를 한 것인데 퍼터 헤드를 가속하는 중에 볼에 임팩트가 되면 페이스가 열려 푸시가 되고 임팩트가 약해 거리감이 떨어진다.

백스윙의 크기 3과 팔로우의 크기 1인 스윙이 되는 것은 백스윙을 크게 하고 볼에 임팩트를 주면서 손으로 잡아 피니시한 것인데 퍼터 헤드를 감속하는 중에 볼에 임팩트가 되면 페이스가 닫혀 풀이 되고 임팩트가 약해 거리감이 떨어진다.

적절한 스윙의 크기

거리만큼 백스윙하고, 톱에서 헤드 무게를 이용해 임팩트하면 가속에 의해 자연스럽게 피니시의 크기가 만들어진다. 백스윙 크기에 관계 없이 세고 빠르게 볼을 임팩트하면 피니시가 길어지고, 볼이 멀리 굴러갈 것 같아 스피드를 줄이며 임팩트하면 피니시가 짧아져서 임팩트에서 페이스가 열리거나 닫혀 거리와 구질이 함께 나빠진다.

백스윙의 크기 2와 팔로우의 크기 3인 스윙이 적절하다. 보내야 하는 거리만큼 백스윙하고 볼에 임팩트를 주면 가속에 의해 팔로우가 길어져 톱보다 피니시가 0.5배 정도 긴 스윙이 된다. 그러면 스윙 중 볼에 적절한 임팩트가 되어 원하는 거리를 보낼 수 있다.

또한 같은 거리라도 스윙 크기가 작으면서 임팩트를 주어 멀리 나가는 스윙이 더 좋다. 하지만 스윙 크기를 과도하게 줄이면서 임팩트하려면 헤드 스피드가 빨라야 하므로 리듬이 나빠져 방향과 거리감 그리고 일관성이 더 나빠질 수도 있다.

잘못된 스윙의 크기 교정

백스윙과 다운스윙의 크기가 나쁘다면 간단하게 교정할 수 있다. 따라서 양 비율이 적절히 이루어진다면 임팩트에서 페이스를 항상 똑바로 맞출 수 있게 된다.

보조물을 보내고자 하는 거리에 따라 비율에 맞게 뒤쪽에 1개, 앞쪽에 2개 위치시키고 스윙을 하며 양쪽 보조물에 닿지 않게 연습하면 자신만의 스윙 크기를 만들 수 있다. 이때 보조물의 넓이 안에서 약하지도 과하지도 않게 임팩트해야 한다.

톱 체크 포인트

톱(프론트)

톱(백)

피니시 체크 포인트

피니시(프론트)

피니시(백)

8 퍼팅

숏 퍼팅을 위한 지침 및 연습 방법(방향)

퍼팅에서 숏 퍼팅과 롱 퍼팅의 의미는 매우 다르다. 숏 퍼팅은 방향만 생각하면 되지만 꼭 홀인해야 한다는 부담감 때문에 정확한 자세나 이미지가 아니면 일관성이 떨어진다. 숏 퍼팅을 놓치면 3퍼팅이나 다름없으므로 숏 퍼팅을 잘하는 기본 지침과 연습 방법을 알아보자.

한쪽 발에 체중을 완전히 고정하자

드라이버 샷을 할 때 체중 이동은 비거리를 위해 필수적이지만 숏 퍼팅은 거리가 아닌 정확한 방향을 필요로 하므로 체중을 왼발이나 오른발 어느 한쪽으로 완전히 고정해야 한다.

볼 밑의 잔디를 보자

임팩트 이후 볼이 사라지고 난 뒤 볼 밑의 잔디를 보라는 뜻은 절대로 헤드업을 하지 말라는 것이다. 잔디 색깔과 다른 스티커나 종이 또는 반창고를 그린에 붙이고 그 위에 볼을 놓고 스윙하면 팔로우에서 볼은 타깃으로 보내지고 그린의 마크를 확인할 수 있다.

홀인 소리를 듣자

숏 퍼팅에서 가장 중요한 것은 피니시까지 머리가 움직이지 않는 것이다. 헤드업하면 쉽게 축(머리)이 움직이므로 홀인 소리를 귀로 듣는 것이다. 임팩트 이후 공이 홀에 떨어지는 소리를 들음으로써 축을 고정할 수 있다.

홀 반대로 똑바로 빼자

팔로우를 홀을 향해 똑바로 하려면 백스윙의 시작에서 퍼터 헤드를 홀 반대 방향으로 똑바로 빼야 한다. 숏 퍼팅은 스윙 크기가 작으므로, 똑바른 백스윙은 임팩트 이후 가속에 의해 똑바른 팔로우를 만들어 퍼터 헤드를 타깃 쪽으로 나가게 하여 홀인이 가능하다.

홀 컵을 조금 지나가게 퍼팅하라

옛말에 "홀 컵에 볼이 도달하지 않으면 절대 들어가지 않는다."는 말이 있다. 볼이 홀 컵을 지나가는 힘이 있어야 방향이 좋을 때 홀인이 가능하다. 하지만 만일 방향이 잘못되었는데 임팩트가 강하다면 3퍼팅까지 갈 수 있으므로 살짝 지나가도록 힘을 조절해야 한다. 또한 볼이 너무 느리면 조그만 경사나 디벗 자국에도 볼의 방향이 바뀔 수 있다.

동서남북 퍼팅을 하자

동서남북 퍼팅 연습은 숏 퍼팅의 자신감을 기르고 얼라이먼트의 연습과 집중력을 키우는 데 효과적이다. 홀 컵을 중심으로 처음에는 약 40cm 거리에 5~10개의 볼을 원으로 놓고 연습하고, 쉬워지면 홀과 볼과의 거리를 60cm, 1m 하는 식으로 거리를 늘려 나간다.

볼 맞추기 연습을 하자

볼로 볼맞추기 연습은 홀보다 적은 볼을 홀로 생각하고 연습하는 방법이다. 홀 컵보다 더 작은 볼을 맞추므로 방향감과 자신감, 얼라이먼트를 정확히 하는 실질적인 연습이다.

동서남북 퍼팅

볼 맞추기 연습

말을 하며 임팩트하자

백스윙을 하면서 "하나~~", 임팩트하면서 "둘"이라고 말하면서 연습하면 템포가 좋아져 어려운 상황에서도 백스윙과 임팩트가 일정해져 일관성이 좋아진다.

자신에게 맞는 속도로 하나, 둘을 말해야 하며, 말과 퍼터 헤드의 움직임을 일정하게 연습한다.

피니시까지 힘을 무리하게 가하거나 잡지 않는다

피니시의 크기는 백스윙 크기에 따라 달라지는데 보통 임팩트 이후 비율은 백스윙 1에 피니시 1.5가 적당하다. 만약 백스윙보다 팔로우가 짧으면 풀, 무리하게 밀어 팔로우가 길면 볼은 밀린다. 그래서 임팩트에 의해 자연스럽게 피니시 비율이 정해시면 임팩트에서 페이스를 항상 똑바로 맞출 수 있게 되고 거리감도 좋아지게 될 것이다.

벽 치기

단단한 벽을 타깃으로, 볼이 벽에 맞고 튕겨 나와 어드레스 위치에 다시 오게 하는 크기의 임팩트를 연습한다. 거리는 다양하게 연습한다.

볼의 가늠선을 똑바로 홀 컵과 맞추라

숏 퍼팅에서 가장 중요한 것은 방향이다. 볼을 보내기 전에 가늠선을 홀 컵을 향하도록 정렬한다.

손으로 직접 볼의 가늠선을 홀 컵과 일직선이 되도록 맞춘다.

볼의 가늠선을 홀 컵과 똑바로 놓고 뒤로 볼 1~2m 뒤에서 자세를 낮추어 확인한다.

볼을 때려 굴려라

숏 퍼팅에서 가장 중요한 것은 방향이다. 먼저 볼이 홀 컵을 향하도록 가늠선을 정렬하고 가늠선을 따라 볼에 임팩트를 주며 굴려라. 좋은 방향을 위해서 볼을 퍼터 페이스로 직접 때려서 굴리면 똑바로 때린 만큼 홀인 된다. 볼은 때려야 똑바로 굴러가는 성질이 있기 때문이다. 만약 볼을 때리지 못하고 밀면 페이스 방향이 일관성이 없어지고 거리감도 떨어진다.

볼의 가늠선을 홀 컵과 똑바로 놓고 페이스를 똑바로 맞춘다.

볼의 가늠선으로 굴러가게 임팩트하면 볼은 페이스 방향대로 굴러간다. 만약 임팩트가 없으면 잔디결과 조그만 라이에도 흔들려 홀인이 어려워진다.

롱 퍼팅을 위한 지침 및 연습 방법(거리감)

롱 퍼팅은 다음 퍼팅을 조금이라도 쉽게 하기 위해 가능한 가까이 붙여야 하는데 실수하면 3~4퍼팅으로 연결되어 라운드 리듬이 깨져 버린다. 최대한 홀 가까이 붙여야 하는 롱 퍼팅 방법을 알아보자.

백스윙 크기로 다양한 거리를 만든다

롱 퍼팅에서는 주로 백스윙의 크기로 거리를 조절한다.

9cm 임팩트(숏 퍼팅)

홀컵이 없는 평탄한 연습 그린에서 9cm를 빼고 다시 임팩트를 5개 해 보면 연습한 만큼 볼이 한곳에 모여 있을 것이다. 그중 가장 멀리 간 것과 가장 짧은 것을 빼고 3개의 볼이 모여 있는 곳까지의 걸음을 잰다. 즉 숏 퍼팅일 때 9cm의 백스윙 시 볼이 굴러가는 거리가 30야드라면 거리 10야드는 3cm의 백스윙 크기가 된다. (이때 임팩트를 잡거나 밀지 않고 백스윙 9cm 안에서의 적절한 임팩트를 말한다.)

18cm 임팩트(미들 퍼팅)

스윙의 40cm 내에서 적절한 임팩트를 한다

앞과 같은 방법으로, 미들 퍼팅일 때 18cm의 백스윙 시 볼이 굴러가는 거리가 9야드라면 미들 퍼팅의 거리 1야드는 2cm의 백스윙 크기가 된다. (이때 임팩트를 잡거나 밀지 않고 백스윙 18cm 안에서의 적절한 임팩트를 말한다.) 반대로 120야드의 미들 퍼팅 거리가 남았다면 남은 거리 120야드 × 1야드의 2cm의 백스윙을 계산하면 22cm를 백스윙하여 임팩트하면 120야드가 굴러가는 것이다.

27cm 임팩트

골프장마다 그린의 속도는 조금씩 다르므로 미들 퍼팅인 18cm의 톱에서 임팩트해 보니 6야드 굴러갔다면 1야드에 3cm를 백스윙하면 된다는 계산이 나온다. 그래서 남은 거리 × 3cm로 거리를 맞추면 된다. 만일 경사가 있다면 경험에 의해 8m의 거리라면 −3m라든가 아니면 + 2m를 하면 거리를 맞출 수 있다. 이 연습을 할 때 같은 크기의 백스윙에서 임팩트했을 때 볼이 다 모여 있다면 퍼팅 실력이 수준급이라고 볼 수 있다.

앞과 같은 방법으로, 롱 퍼팅일 때 27cm의 백스윙 시 볼이 굴러가는 거리가 18야드라면 롱 퍼팅의 거리 10야드는 1.5cm의 백스윙의 크기가 된다. (이때 임팩트를 잡거나 밀지 않고 백스윙 27cm 안에서의 적절한 임팩트를 말한다.) 반대로 260야드의 롱 퍼팅의 거리가 남았다면 남은 거리 260야드 × 10야드의 1.5cm의 백스윙을 계산하면 39cm를 백스윙하여 임팩트하면 260야드가 굴러간다.

라운드 중 백스윙의 크기 맞추기

볼과 오른발 중간은 10cm
오른발 안쪽 끝은 20cm
오른발 바깥 끝은 32cm

미리 연습 그린에서 자신의 일상적인 볼의 위치와 스탠스를 잡고 앞에 자를 놓고 미리 재면 라운드 중 백스윙의 크기를 알 수 있다. 각 골퍼들의 어드레스는 다 다르지만 그 예로 ① 볼과 오른발 안쪽의 반은 10cm, 오른발 안쪽은 20cm, 오른발 중간은 26cm, 오른발 끝은 32cm 등등 미리 알아 놓으면 보다 효과적이다.

프리 샷 루틴을 일관되게 한다

프리 샷 루틴이란 스윙을 하기 전 일련의 동작으로, 프로 골퍼들이 그린에서 거리를 먼저 파악한 다음 앉아서 퍼팅 라이를 보고 다음 스탠스를 잡고 다시 페이스와 스탠스를 잡고 고개를 두 번 돌리는 등 항상 길든 짧든 일정하게 반복할 수 있는 자신만의 습관을 만들면 일관성이 생겨 거리감이 좋아진다.

1 동반자들이 오기 전에 먼저 홀과 볼의 경사와 거리를 살핀다.

2 볼 뒤에 앉아서 좌우 경사를 살핀다.

3 좌우 경사를 계산한 만큼 보며 볼의 가늠선을 목표와 맞춘다.

4 볼 뒤에 서서 거리를 계산하여 거리만큼 세 번 연습 스윙해 본다. 이때 경사를 감안해서 크기를 산출한다.

5 볼 위의 가늠선과 페이스를 직각으로 맞추고 가늠선과 타깃라인을 일치시킨다.

6 페이스와 직각으로 스탠스한다.

7 볼의 가늠선과 연결하여 홀을 가상의 선을 연결하기 위해 두 번 고개를 돌려 방향을 확인한다.

8 세 번째 고개를 돌려 홀과 볼 사이의 거리를 2~4초 동안 충분히 느끼고 볼을 보며 거리감이 사라지기 전에 거리만큼 임팩트한다.

홀 근처로 보낸다

롱 퍼팅은 꼭 홀인시킨다기보다는 두 번째 숏 퍼팅을 쉽게 하기 위해 홀 컵 근처로 붙이듯이 퍼팅한다. 몸을 부드럽게 하고 약간은 치핑하듯이 볼을 임팩트해야 확률은 높아진다.

홀 컵을 직접 보며 퍼팅한다

롱 퍼팅을 잘하기 위해 어드레스 후 볼을 보지 않고 홀 컵을 보며 스윙을 연습하면 거리만큼 몸이 움직이기 때문에 거리감을 쉽게 느낄 수 있다. 그러나 처음에는 볼을 보지 못하므로 불안하고 스윙 시 어깨 턴의 크기가 달라져 어려울 수 있으므로 연습이 필요하다.

롱 퍼팅은 홀 주위에 거리에 따라 1~2m의 가상의 원을 그리고 그 안에 넣는 느낌으로 하면 마음이 편해지고 쉬워진다.

어드레스나 스윙 기본이 약한 사람은 홀 컵을 보며 스윙하는 것이 처음에는 어렵지만 눈으로 보이는 만큼 거리를 조절할 수 있게 된다.

마지막으로 오래 보고 눈을 감고 스윙한다

롱 퍼팅을 잘하려면 어드레스 시 볼을 보면서도 홀까지의 거리감을 유지해야 한다. 연습 시 홀을 오래 보면서 머릿속에 거리를 충분히 입력하고 눈을 감고 홀 컵의 거리를 떠올리며 퍼팅해 보면 거리감을 쉽게 느낄 수 있게 된다.

손으로 볼을 굴려 그린의 빠르기를 느낀다

퍼팅이 끝난 그린에서 직접 볼을 손으로 홀 컵까지 굴려 보면 그린의 빠르기를 바로 느낄 수 있어 롱 퍼팅의 거리감이 좋아진다.

먼저 홀 컵을 보면서 거리를 머리에 집어넣는다. 다음 볼을 보고 눈을 감고 머릿속에 남아 있는 느낌만큼 스윙한다. (이 연습을 많이 할수록 홀 컵을 보지 않고도 거리를 보내기가 쉬워진다.)

라운드 전 연습 그린에서 여러 지점을 향해 손으로 볼을 직접 던져 보고 퍼팅해 보면 그린 빠르기를 느낄 수 있다.

정확한 임팩트를 만든다

퍼터 헤드의 무게 중심인 중앙으로 임팩트해야만 퍼터 헤드 무게와 스피드가 그대로 전달되어 볼을 일관성 있게 보낼 수 있다.

① 같은 크기의 임팩트라도 퍼트의 중앙을 벗어날수록 골퍼가 원하는 거리보다 떨어진다.

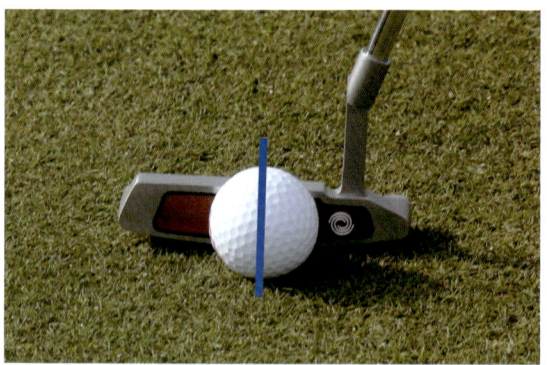
② 항상 중앙에 임팩트해야 원하는 거리를 얻을 수 있다.

좋은 임팩트 연습

임팩트 연습은 몸과 팔을 일체감 있게 만드는 방법, 퍼터의 중앙에 임팩트하는 연습 등이 있는데, 중요한 것은 스윙의 동력인 어깨의 동력(원)으로 스윙을 주도하면 일관성과 임팩트를 동시에 느끼기 쉬워진다.

반복 연습과 순회 연습법

퍼팅을 잘하기 위해 연습을 할 때 크게 두 가지로 하는데 그 한 가지인 반복 연습은 10m면 10m, 15m면 15m를 정해 놓고 그 한가지의 거리를 볼 5~10개를 계속하여 임팩트하는 방법을 말하고 그리고 순회 연습은 여러 가지 거리의 목표를 정하고 한 개의 볼로 각 홀을 돌아가며 퍼팅을 하여 롱 퍼팅에 대한 집중력을 기르는 연습을 말한다.

10m, 15m 등 거리를 정해 놓고 볼 5~10개를 계속하여 임팩트하는 방법으로, 롱 퍼팅의 거리감을 익히는 데 좋다. 필요한 거리의 백스윙 크기와 임팩트, 거리감을 기를 수 있다.

다양한 거리를 정하고 한 개의 볼로 각 홀을 돌아가며 퍼팅하여 롱 퍼팅에 대한 집중력을 기르는 연습으로, 한 개의 볼로 여러 홀컵을 순회하므로 퍼팅할 때마다 방향이 달라 얼라이먼트 감각을 키워 주고 홀에 대한 집중력을 길러 준다.

15야드 떨어진 곳의 수건 위에 볼을 올린다

라운드 전 연습 그린에서 약 10야드의 거리에 수건을 펴 놓고 볼을 올려 본다. 이 방법은 홀을 더 크게 만들어 거리감을 높이는 방법으로, 홀보다 큰 수건을 목표로 하면 거리감을 쉽게 느낄 수 있다.

수건을 가로로 놓고 연습하면 거리에 대한 정밀성을 높일 수 있다.   수건을 세로로 놓고 연습을 하면 방향성을 높이는 연습이 된다.

한손으로 스윙하며 감각을 느낀다

한손 퍼팅은 두손 퍼팅보다 감각을 살리는 데 효과적이다. 특히 오른손잡이 골퍼는 오른손 감각이 뛰어나므로 왼손을 잡지 않고 스윙하면 더 쉽게 거리를 익힐 수 있다.

경사 퍼팅(방향 · 거리감 · 경사도)

연습장에서는 퍼팅이 잘되는데 왜 필드에서는 퍼팅이 안 될까? 그 이유로 ① 구르기의 차이 ② 아래위 경사의 차이 ③ 좌우 경사의 차이 ④ 날씨의 차이 ⑤ 볼 한 개로 라운드를 도는 차이 ⑥ 동반자와 같이 서로 보며 즐기는 차이 ⑦ 그로 인한 심리적인 차이 등을 들 수 있다.

경사 퍼팅의 구성 요소

① 숏 퍼팅은 방향이 가장 중요하고 ② 롱 퍼팅은 방향과 거리감 두 가지 다 중요하며, ③ 경사 퍼팅은 방향과 거리감뿐만 아니라 경사도(아래위, 좌우)까지 추가되므로 더 어렵다.

① 방향 ② 거리감 ③ 경사도를 생각하며 준비한다.

경사를 파악하는 방법

경사를 읽으려면 많은 경험이 필요하며, 그 다음으로 경사를 종합 진단해야 한다.

1 어프로치 때 구르는 방향을 보고 경사를 미리 가늠한다.

2 잔디결을 파악한다.

3 홀 주변은 약간 눌려 있으므로 확실히 살핀다.

4 여러 방향에서 경사를 살핀다.

5 먼저 퍼팅한 동반자의 경사나 빠르기를 참조한다.

6 경사 읽기가 어려울 때는 그린 전체를 파악한다.

오르막이나 내리막, 훅이나 슬라이스 경사에서의 퍼팅이 타수를 좌우함으로써 재미를 더해 준다. 따라서 경사를 잘 알지 못하면 좋은 타수를 낼 수 없으므로 경사 퍼팅은 그만큼 중요하다.

오르막 경사에서의 기본 스윙

오르막 경사는 같은 거리라도 다른 경사보다 임팩트를 더 강하게 해야 한다. 오르막 경사에 대한 힘도 필요하지만 스탠스보다 홀이 더 높아 눈으로 보는 느낌 자체가 평지보다 가깝게 보이므로 강한 임팩트를 해야 원하는 거리를 보낼 수 있다. 홀에서 가상의 홀까지 거리는 경사에 따라 다르고 그린의 속도에 따라 약간씩 다르다. 오르막 경사 퍼팅은 홀 컵을 필히 지나가는 임팩트를 해야 한다.

짧아 보인다

오르막 경사는 경사가 클수록 가까워 보인다. 스탠스보다 홀이 위로 올라와 있어 발보다 눈이 위쪽에 있으므로 실제 거리보다 짧게 보인다.

경사에 의해 덜 구르는 만큼 경사만큼 뒤쪽에 가상의 홀을 만들어 퍼팅하면 거리를 맞출 수 있다. 이때 가상의 홀을 생각하며 임팩트해야 한다.

가상의 홀컵

내리막 경사에서의 기본 스윙

내리막 경사가 어려운 이유는 같은 거리라도 홀이 더 멀리 보여 경사도에 따라 임팩트를 약하게 해야 하기 때문이다. 경사에 대한 힘도 약해져야 하지만 발보다 홀이 내려가 있고 눈은 발보다 높이 위치하여 눈으로 보는 느낌 자체가 평지보다 멀리 보이므로 느낌보다 약한 임팩트를 해야 한다.

내리막 경사는 경사가 클수록 멀어져 보인다. 스탠스보다 홀이 밑으로 내려가 있어 발보다 눈이 위쪽에 있으므로 실제 거리보다 멀어 보인다.

멀어 보인다

경사에 의해 더 구르는 만큼 경사만큼 앞쪽에 가상의 홀을 만들어 퍼팅하면 거리를 맞출 수 있다. 이때 가상의 홀을 생각하며 임팩트해야 한다.

가상의 홀컵

훅, 슬라이스 경사에서의 기본 스윙

훅 라인이란 볼을 임팩트했을 때 왼쪽으로 휘어지는 경사를 말하고, 슬라이스 라인이란 임팩트했을 때 오른쪽으로 휘어지는 경사를 말한다. 경사의 기울기에 따라 작게 또는 크게 휘어진다.

속도에 따라 에임을 다르게 준비하라

경사에 따른 에임을 적절히 했더라도 홀까지 세게 볼을 보내면 홀 위를 지나가고, 약하게 볼을 보내면 홀 밑으로 떨어져서 홀인이 어려워진다. 경사 퍼팅의 가장 중요한 점은 먼저 거리를 맞출 수 있는 능력과 경사도를 정확히 파악할 수 있는 능력을 필요로 한다.

그린의 상태에 따라 에임을 다르게 준비하라

같은 그린의 경사에서도 그린의 상태에 따라 에임을 더 많이 보아야 할 때도 있고 더 적게 보아야 할 때도 있다. 그린의 빠르기, 내리막과 오르막 등과 같이 평지보다 그린이 더 빨라지거나 느려지면 에임이 달라지기도 한다.

경사 퍼팅은 경사도 잘 읽어야 하지만 거리를 정확히 맞추지 못하면 경사보다 휘어짐이 많거나 적어질 수도 있다.

그린이 젖어 있거나, 오르막 훅, 슬라이스 경사에서는 적게 휘어지므로 생각보다 에임을 적게 계산한다.

그린이 빠르거나, 내리막 훅, 슬라이스 경사에서는 볼이 많이 휘어지므로 생각보다 에임을 크게 계산한다.

가상으로 설정된 지점으로 볼을 보내라

훅 또는 슬라이스 경사에서 아마 골퍼들이 가장 많이하는 실수는 경사만큼 홀의 왼쪽 또는 오른쪽으로 어드레스와 준비를 해 놓고 막상 임팩트는 홀을 향해서 스윙하여 결국 경사에 관계없는 스윙으로 홀인을 어렵게 만드는 것이다. 그래서 경사만큼 홀 좌우에 가상의 지점을 정하고 그 지점으로 자신이 뒤에서 라인을 보고 정확히 읽었으므로 믿고 무조건 그 지점으로 볼을 보내야 한다.

아마 골퍼들은 경사만큼 에임을 하고도 홀을 향해서 임팩트하여 홀인하지 못한다.

경사만큼 홀 안, 바깥쪽에 가상의 홀을 만들고, 자신을 믿고 스윙해야 경사만큼 휘어지며 홀인 확률이 높아진다.

9 퍼팅 클리닉

퍼팅을 하다 보면 어드레스와 얼라이먼트를 바로 하고도 홀인하지 못하거나, 스트로크는 좋은데 홀인을 잘 못하는 경우가 있다. 이는 크게 ① 임팩트 존의 궤도가 나쁘거나 ② 임팩트에서 퍼터 페이스가 잘못되어서라고 볼 수 있다. 이 두 가지 잘못으로 생기는 ① 스트레이트 ② 풀 ③ 푸시의 구질의 이유와 교정 방법을 알아보자.

구질이 생기는 원리

스트레이트 볼의 원리

볼이 똑바로 나아가려면 볼에 대해 임팩트 존의 궤도가 타깃에 대해 똑바르게 움직여야 하고, 임팩트에서 퍼터 페이스가 타깃에 직각이 되어야 한다. 퍼팅은 볼을 멀리 보내는 것이 아니라 원하는 방향으로 다양한 거리를 보내는 것이므로 이 두 가지만 충족시키면 스트레이트 볼을 만들 수 있다.

임팩트에서 퍼터 헤드가 타깃과 직각을 이루어야 스트레이트 볼이 된다.

임팩트 존의 궤도가 타깃에 대해 똑바르게 움직여야 스트레이트 볼이 된다.

풀 볼의 원리

풀의 구질이 발생하는 원인은 ① 임팩트에서 퍼트 페이스가 닫혀 있거나 ② 임팩트 존의 궤도가 아웃에서 인으로 볼에 접근하며 임팩트되는 것이다. 이 두 가지를 교정하면 스트레이트 볼을 만들 수 있다.

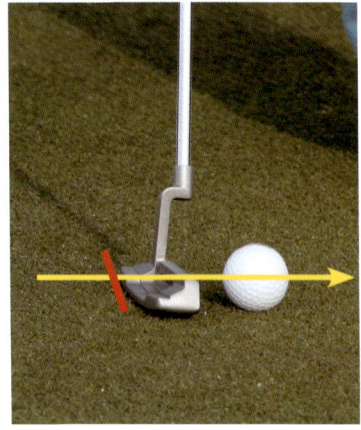
임팩트 존의 궤도는 좋지만 임팩트에서 퍼터 페이스가 닫혀 있으면 풀 구질이 된다.

퍼터 페이스는 타깃에 직각으로 임팩트했지만 임팩트 존의 궤도가 아웃에서 인으로 볼에 접근하면 풀의 구질이 된다.

임팩트에서 퍼터 페이스가 닫혀 있고 임팩트 존의 궤도가 아웃에서 인으로 볼에 접근하면 심한 풀 구질이 된다.

푸시 볼의 원리

푸시의 구질이 발생하는 원인 두 가지는 ① 임팩트에서 퍼트 페이스가 열려 있거나 ② 임팩트 존의 궤도가 인에서 아웃으로 볼에 접근하며 임팩트되는 것이다.

임팩트 존의 궤도는 좋지만 임팩트에서 퍼터 페이스가 열려 있으면 푸시의 구질이 된다.

퍼터 페이스는 타깃에 직각으로 임팩트했지만 임팩트 존의 궤도가 인에서 아웃으로 볼에 접근하면 푸시의 구질이 된다.

임팩트에서 퍼터 페이스가 열려 있고 임팩트 존의 궤도가 인에서 아웃으로 볼에 접근하면 심한 푸시의 구질이 된다.

각 구질이 생기는 자세와 교정 방법

앞의 원리와 같이 각 구질은 임팩트 존의 궤도와 임팩트 시 퍼터 페이스의 방향에 의해 발생하게 된다는 것을 알았다. 그러므로 임팩트에서 구질을 결정짓는 원인은 이 두 가지로 간단한데 이 두 가지의 원인을 만드는 자세는 어드레스나 스윙 중에 만들어진다. 그러므로 이번 장에서는 아마 골퍼들이 가장 많이 잘못되는 자세의 원인과 교정 방법을 알아보기로 하자.

어깨가 왼쪽 방향이면 풀, 오른쪽 방향이면 푸시(어드레스의 오류)

어드레스에서 스탠스가 좋아도 어깨가 열리거나 닫혀 있으면 백스윙 시 퍼터 헤드가 아웃 또는 인으로 빠져서 다운스윙 시 볼에 헤드가 아웃 또는 인으로 접근하게 되어 풀 또는 푸시의 구질이 된다.

어드레스에서 어깨가 열려 있으면 백스윙 시 헤드가 아웃으로 빠져서 다운스윙 시 볼에 헤드가 아웃에서 접근해 풀이 된다.

어드레스에서 어깨가 닫혀 있으면 백스윙 시 헤드가 인으로 빠져서 다운스윙 시 볼에 헤드가 인으로 접근하게 되어 푸시가 된다.

어드레스에서 어깨 방향을 확인하고 싶다면 양팔을 벌려 본다. 이때 양 팔이 어깨 방향과 수평으로 뻗고 왼손 방향은 홀 약간 왼쪽을 향해야 한다.

오른 팔이 벌어지면 풀, 왼 팔이 벌어지면 푸시(어드레스의 오류)

어드레스에서 오른쪽 팔꿈치나 왼쪽 팔꿈치가 몸에서 과도하게 벌어지면 백스윙 시 퍼터 헤드가 아웃 또는 인으로 빠져서 다운스윙 시 볼에 헤드가 아웃 또는 인으로 접근하게 되어 풀 또는 푸시 구질이 된다.

어드레스에서 오른팔이 과도히 벌어져 있으면 백스윙 시 힘이 있는 오른팔에 의해 아웃으로 빠지고 다운 시 헤드가 볼에 아웃 에서 접근하게 되어 풀이 된다.

어드레스에서 왼팔이 과도히 벌어져 있으면 백스윙 시 몸에 붙어 있는 오른팔에 의해 인으로 당겨지고 다운 시 볼에 헤드가 인으로 접근하게 되어 푸시가 된다.

어드레스 시 양 겨드랑이에 적절히 힘을 주어 양 팔꿈치를 몸에 살짝 붙이고 스윙하면 어깨와 팔이 일체감 있게 움직이고 백스윙과 다운스윙의 궤도가 좋아져 방향성과 일관성도 좋아진다.

손이 볼 뒤쪽이면 풀, 손 앞쪽이면 푸시(어드레스의 오류)

어드레스에서 손이 볼 뒤쪽 또는 앞쪽에 위치하면 백스윙 시 퍼터 헤드가 아웃 또는 인으로 빠져서 다운스윙 시 볼에 헤드가 아웃 또는 인으로 접근하게 되어 풀 또는 푸시의 구질이 발생한다.

어드레스에서 손이 볼보다 과도하게 뒤쪽에 위치하면 백스윙 시 헤드보다 손이 먼저 빠지고 다운스윙에서 페이스가 닫혀 임팩트되며 풀이 된다.

어드레스에서 손이 볼보다 과도하게 앞쪽에 위치하면 백스윙 시 손보다 헤드가 먼저 빠지고 다운스윙에서 페이스가 열려 임팩트되며 푸시가 된다.

어드레스 시 손이 볼 위나 약간 앞에 위치하면 백스윙 시 무게 있는 헤드의 움직임이 쉬워지고 다운스윙 시 퍼터 헤드와 손의 일체감이 좋아지고 손목의 움직임이 제한되어 구질과 일관성이 좋아진다.

손목의 각이 많으면 풀, 적으면 푸시(어드레스의 오류)

어드레스에서 손목의 각이 너무 적거나 많으면 손의 힘이 너무 많아지거나 적어져 백스윙 시 퍼터 헤드가 아웃 또는 인으로 빠져서 다운스윙 시 볼에 헤드가 아웃 또는 인으로 접근하게 되어 풀 또는 푸시의 구질이 발생한다.

  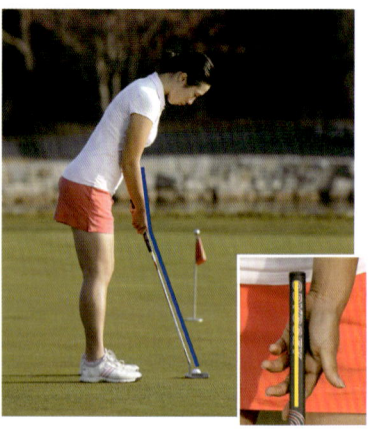

어드레스에서 손목의 각이 많으면 손에 힘이 많이 들어가고 스윙 중 임팩트 존의 궤도가 짧아져 다운에서 헤드가 볼에 아웃에서 접근하게 되어 풀이 된다.

어드레스에서 손목의 각이 적으면 손에 힘이 약해져 스윙 중 페이스가 열려 임팩트 되며 푸시의 구질이 된다.

어드레스에서 손목의 적절한 각은 퍼터 헤드의 무게를 적절히 느끼게 하고 손과 헤드의 거리에 따른 중력을 최소화하는 역할을 하여 스윙을 쉽게 해 준다. 또한 적절한 손목의 각을 위해서는 팜 그립이 좋다.

오른손 그립이 강하면 풀, 왼손 그립이 강하면 푸시(그립의 오류)

어드레스에서 오른손 그립이나 왼손 그립이 강하면 백스윙 시 퍼터 헤드가 아웃 또는 인으로 빠져서 다운스윙 시 볼에 헤드가 아웃 또는 인으로 접근하게 되어 풀 또는 푸시의 구질이 발생한다.

어드레스 시 오른손의 그립이 너무 강하면 오른손의 힘에 의해 백스윙에서 헤드가 아웃으로 빠지기 쉽고 다운에서 아웃에서 접근하게 되고 페이스가 닫히기 쉬워 풀이 된다.

어드레스 시 왼손의 그립이 너무 강하면 왼손의 힘에 의해 백스윙에서 헤드가 인으로 빠지기 쉽고 다운에서 인으로 접근하게 되고 페이스가 열리기 쉬워 푸시가 된다.

그립을 할 때는 양손 그립의 압력을 비슷하게 해주면 양 어깨의 쓰임이 비슷해져 스윙 시 임팩트 존의 궤도 퍼터 페이스가 타겟과 직각이 되기 쉬우므로 구질은 좋아진다.

백스윙이 아웃으로 빠지면 풀, 인으로 빠지면 푸시(스윙)

백스윙에서 퍼터 헤드가 아웃 또는 인으로 빠지면 다운스윙 시 볼에 헤드가 아웃 또는 인으로 접근하여 풀 또는 푸시의 구질이 발생한다.

백스윙을 할 때 손으로 빼게 되어 아웃으로 빠지면 다운에서 헤드가 볼에 아웃에서 접근하게 되고 페이스가 닫히기 쉬워 풀이 된다.

백스윙을 할 때 손으로 빼게 되어 인으로 빠지면 다운에서 인으로 접근하게 되고 페이스가 열리기 쉬워 푸시가 된다.

올바른 백스윙의 교정은 팔과 어깨가 붙어서 동시에 움직여야 하는데 간단하게 오른쪽 겨드랑이에 헤드 커버를 끼고 연습하면 교정이 가능하다.

어떠한 연습 방법으로도 어려우면 퍼팅 레인을 볼 앞에 놓고 연습하면 교정이 가능하다.

다운에서 머리가 타깃으로 움직이면 풀, 위로 움직이면 푸시(스윙)

다운스윙에서 축인 머리가 타깃 또는 위로 움직이면 볼에 퍼터 헤드가 아웃 또는 인으로 접근하여 풀 또는 푸시의 구질이 발생한다. 그 원인은 앞의 여러 어드레스에서 찾을 수 있고 또는 볼이 홀 컵에 들어가는지를 확인하기 위해 임팩트가 되기 전에 고개를 돌려 고개가 타깃 또는 위로 움직이는 경우이기도 하다.

톱에서 임팩트될 때까지 참지 못하고 구질이 궁금해 미리 고개를 돌리면 머리가 타깃 쪽으로 움직이기 쉽다. 머리가 타깃 쪽으로 움직이면 어깨 또한 머리를 따라 타깃으로 나가고 오른쪽 어깨가 덮여 볼에 헤드가 아웃에서 접근하게 되어 풀이 된다.

톱에서 임팩트될 때까지 참지 못하고 구질이 궁금해 미리 고개를 돌리면 머리가 위로 움직이기 쉽다. 머리가 위로 움직이면 왼쪽 어깨 또한 머리를 따라 위로 들리고 왼손을 당기게 되어 퍼터 헤드보다 손의 움직임이 빨라져 페이스가 열려 푸시가 된다.

어드레스에서 볼을 놓기 전 동그란(바닥의 색깔과 완전히 다른) 헝겊이나 테이프를 그린에 붙이고 볼을 놓는다. 임팩트 이후 볼 밑에 있는 헝겊이나 테이프를 보면 축인 머리가 타깃이나 위로 움직이지 않은 것이라 볼 수 있다.

아마 골퍼들의 실수 중에 이 헤드업이 가장 많은데 교정 방법 또한 간단하다. 정신력과 집중력을 가지면 의외로 쉽게 교정되기도 하는데 문제는 귀찮지만 부단한 노력이 더 중요하고 앞의 다양한 숏 퍼팅의 기본을 충실히 하면 자연스레 다운스윙 중 머리의 움직임은 최소화될 것이다.

피니시가 짧으면 풀, 길면 푸시(스윙)

백스윙보다 피니시가 짧거나 과도하게 길면 임팩트에서 퍼터 페이스가 닫히거나 열리게 되어 풀 또는 푸시의 구질이 발생한다.

백스윙보다 피니시가 짧아지는 것은 볼에 임팩트를 주다 말았기 때문이다. 그러면 임팩트 될 때 헤드 속도가 줄어 페이스가 닫혀 풀이 발생한다.

백스윙보다 피니시가 과도하게 긴 것은 볼을 임팩트하지 못하고 피니시를 길게 하기 위해 과도하게 밀었기 대문이다. 그러면 임팩트가 될 때 헤드 속도가 가속되므로 임팩트가 약해지고 페이스가 열려 푸시가 발생한다.

백스윙의 크기 2와 팔로우의 크기 3인 스윙이 되는 것이 가장 적절하다. 그 이유는 보내야 하는 거리만큼 백스윙을 하고 볼에 임팩트를 주면 자연스레 그 가속에 의해 팔로우가 길어져 톱보다 피니시가 약 0.5배 긴 스윙이 된다. 그러면 스윙 중 볼에 적절한 임팩트가 되어 원하는 방향과 거리감을 얻을 수 있다.

스윙 크기는 임팩트에 의해 자연스럽게 이루어져야 한다. 거리만큼 백스윙을 하고 톱에서 너무 빠르지 않게 임팩트를 주면 임팩트의 가속에 의해 피니시 크기가 만들어진다.

팔로우에서 왼쪽 팔꿈치를 당겨 몸에서 과도하게 떨어지면 푸시(스윙)

다운 시 왼팔에 힘이 과도하게 들어가면 임팩트 이후 왼쪽 팔꿈치가 당겨지기 쉽고 따라서 손을 당기게 되어 헤드가 늦게 따라오게 되어 페이스가 열려 임팩트되어 푸시의 구질이 발생한다.

어드레스에서 팔의 오각형은 스윙이 끝날 때까지 변형 없이 유지되어야 하는데 다운 시 퍼터의 가속을 위해 왼쪽 팔꿈치를 지나치게 당기게 되어 오각형이 벌어지면 페이스가 열려 볼은 푸시가 된다.

어드레스에서 양팔의 오각형은 스윙 중 변형이 되어서는 안 된다. 만약 오각형이 변하면 볼이 밀리거나 당겨진다. 퍼팅은 정확한 방향과, 멀지는 않지만 다양한 거리를 정확하게 맞추는 것이 중요하므로 부드럽고 천천히 움직여야 한다. 하체의 움직임을 최대한 절제하고 어깨의 동력으로 팔의 변형 없이 거리를 만들어야 일관성과 방향이 좋아진다.

제2부

한 번에 **10타** 줄이는 **숏게임**

숏게임의 중요성

초보골퍼일 때는 경력이 짧아 샷에 대한 믿음과 확신이 없어 당장 급한 것이 드라이버 샷이나 아이언 샷이라고 볼 수 있는데 경력이 쌓일수록 타수에 영향을 미치는 것이 숏게임이다.

그 예로, 프로 골퍼들의 온 그린 확률을 살펴보면 65~75% 정도가 되므로 나머지 35~25%는 숏게임을 해야 한다는 것이 된다. 프로 골퍼들도 18홀 라운드 중 약 5타 정도는 숏게임을 하게 된다는 것인데 이 때 파 세이브를 하지 못하면 다른 홀에서 더 많은 버디를 기록해야 하기 때문에 숏게임은 매우 중요하다 할 수 있다.

그래서 아마 골퍼들의 통계를 살펴보면 싱글 골퍼들의 경우 프로 골퍼보다 티잉 그라운드가 앞쪽으로 위치해 거리가 짧아 쉬워지지만 약 70%의 온 그린을 기록한다면 18홀 라운드에서 약 5개의 숏게임을 해야 하고, 80대의 골퍼들은 약 60%의 온 그린 확률이 되므로 18홀 중 약 8개의 숏게임을 해야 한다. 그리고 90대의 골퍼는 약 40%의 온 그린 확률이 되므로 18홀 중 약 11개의 숏게임을 해야 하므로 이 숏게임은 골프 속의 또 하나의 재미있는 게임이라 할 수 있다. 따라서 숏게임을 별도의 게임이라 생각하면 우리는 18홀을 돌면서 골프만 즐기는 것이 아니라 숏게임이라는 놀이를 더하며 라운드하면 두 배의 기쁨과 즐거움을 느낄 수 있지 않을까?

골프의 진정한 목적은 더 적은 스트로크로 홀에 볼을 홀 아웃 하는 경기라고 한다면 숏게임을 잘해 볼을 홀 옆에 접근시키고 퍼팅을 잘하는 골퍼가 골프를 잘할 수밖에 없다는 사실을 알아야 한다. 그러므로 아마 골퍼, 프로 골퍼 할 것 없이 누구나 스코어의 절반은 숏게임에서 나오는 스코어인만큼 숏게임을 소홀히 해서는 안 된다.

1 숏게임이란

숏게임이란 그린 근처의 약 80야드 안쪽의 거리에서 핀을 향해 다양한 방법으로 가까이 접근시키는 샷으로, 온 그린에 실패할 경우 파 세이브에 가장 중요한 역할을 한다.

웨지

숏게임에 필요한 웨지의 명칭과 종류를 알아보자. 웨지는 클럽 중에서 로프트가 크고 샤프트는 제일 짧으며, 일반 아이언에 비해 무거운 것이 특징이다.

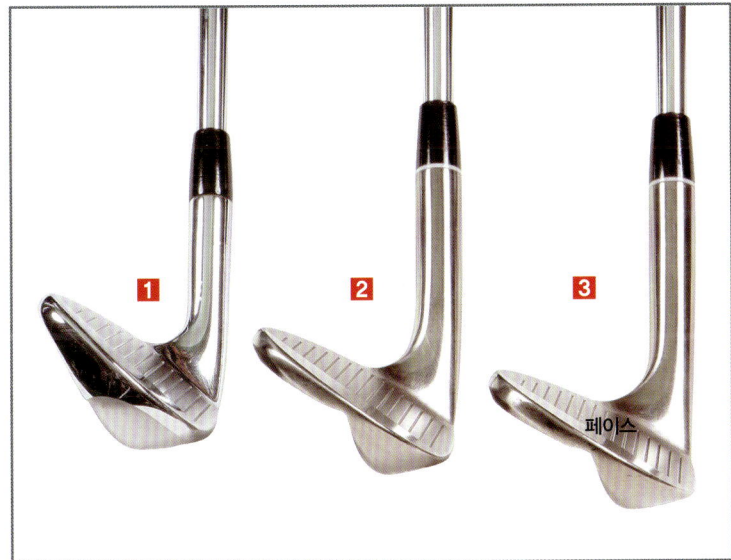
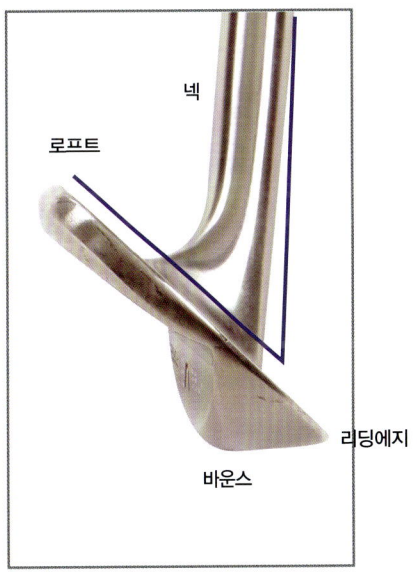

1 피칭 웨지는 웨지 중 로프트가 가장 작다.
2 어프로치 웨지는 샌드와 피칭 웨지 사이의 거리를 보충하기 위해 나온 웨지인데 지금은 숏게임에 가장 많이 사용하는 웨지이다. 피칭보다 로프트가 커 탄도가 높고 백스핀이 많이 걸려 핀의 공략에 가장 많이 사용하는 클럽이다.
3 샌드 웨지는 샌드 벙커에서 많이 사용하는 클럽으로, 로프트가 어프로치 웨지보다 커서 볼의 탄도를 높일 수 있고 백스핀이 많이 걸린다. 그리고 벙커에서의 탈출을 위해 다른 클럽에 비해 바운스가 가장 크고 가장 무겁다.

숏게임의 종류

치핑

치핑은 어프로치 중 볼을 띄워서 날아가는 거리보다 볼이 그린에 착지하여 굴러가는 거리가 더 많은 어프로치를 말하는데 보통 그린 주변에서 핀 약 25야드 안쪽에서의 위치에서 손목을 사용하지 않고 어프로치하는 데 많이 사용한다. 그린 주변의 상황에 따라 다양한 클럽을 선택할 수 있으며 창의성 있는 다양한 방식으로 그린을 공략해야 핀에 붙이는 확률이 높아지므로 기본적인 치핑의 원리를 익혀두면 라운드가 더 쉬워진다.

피칭

피칭은 볼을 띄워서 날아가는 거리가 볼이 그린에 착지되어 굴러가는 거리보다 많은 어프로치로, 핀에서 20~80야드 거리 내에서 주로 손목을 사용한다. 그린 주변의 상황에 따라 다양한 클럽을 선택할 수 있으며, 창의성 있게 그린을 공략해야 핀에 붙이는 확률이 높아진다. 치핑보다 긴 거리를 어프로치해야 하므로 어깨의 동력에 손목과 팔의 동력이 추가되어 조금은 더 어려워지고 확률은 더 떨어지게 되므로 자신만의 자신감 있는 기준이 필요하다.

2 원 치핑

원 치핑은 30야드 안쪽의 거리에서 많이 사용하는데, 요즘 프로 골퍼들도 많이 사용하는 퍼팅식 원 치핑으로 간단하게 10타를 줄여 보자.

원 치핑

원 치핑이란 근육 운동학을 기본으로, 2개의 원으로 몸에 무리 없이 쉬운 거리감과 정확성을 갖게 하는 내추럴 치핑을 말한다. 임팩트와 거리감을 더 쉽고 정확히 하기 위해 준비된 이론이다.

2개의 원으로 이루어진 원 치핑

치핑에서의 원은 매우 단순한데 백스윙 시 1개의 원과 다운스윙 시 1개의 원으로 총 2개의 원으로 하나의 스윙을 만든다.

백스윙에서 1개의 원이란?

백스윙이란 오직 상체의 턴으로 웨지의 헤드를 필요한 만큼의 거리에 올려놓는 원의 움직임을 말한다.

몸의 큰 근육인 상체의 근육을 이용해 어깨를 턴하면 웨지의 헤드를 타깃의 반대로 보낼 수 있다. 어깨에 매달린 팔과 웨지는 어깨의 움직임에 의해 단단히 딸려 필요한 크기의 톱을 완성한다. 이때 어깨의 턴으로만 백스윙을 해야 하며 손목의 움직임이 있어서는 안 된다.

다운스윙에서 1개의 원이란?

다운스윙이란 백스윙 시 만들어진 어깨의 원에 다운은 약간의 중력과 다시 어깨의 원 또는 허리의 원으로 웨지 헤드를 가속시켜 임팩트를 만드는 또 하나의 원의 움직임이다.

  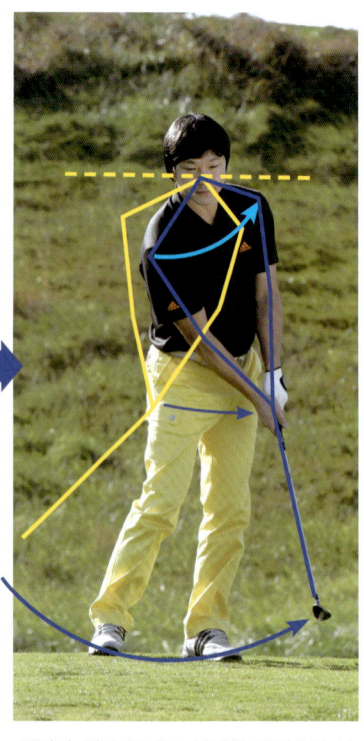

적절한 톱에서 중력과 헤드 무게를 이용하여 꼬인 어깨를 동력으로 다운을 시작한다.

중력과 헤드 무게를 이용하여 꼬인 어깨를 동력으로 다시 가속하며 볼에 헤드를 임팩트한다.

중력과 헤드 무게를 어깨의 동력으로 볼에 임팩트하면 그 가속으로 인해 웨지의 헤드는 타깃으로 빠져나간다.

이렇게 총 2개의 원을 하나의 원으로 일치시키고 단 하나의 주동력인 어깨나 허리의 원으로만 이루어지므로 간결하고 쉽다. 주동력인 어깨 및 허리 이외의 부분은 단단하여 움직임이 적을수록 일관성이 좋아진다.

원의 궤도

스윙 타법

스윙 타법은 볼의 위치와 공략 목표와 지점에 따라 임팩트하는 방법이 조금씩 달라진다. ① 다운블로 ② 사이드블로 ③ 어퍼블로가 있는데, 특히 치핑은 각도가 완만한 다운블로로 공략해야 방향과 일관성이 좋아진다. 그 이유는 스윙 실수와 백스핀이 줄어들기 때문이다.

미스가 줄어드는 이유

어퍼블로의 타법에서는 정확히 임팩트된다 해도 클럽과 볼 사이에 잔디가 끼게 되므로 스핀량이 불규칙하여 탄도가 높아지고 매번 런이 달라진다.

약간의 미스에도 토핑이나 뒤땅이 발생되어 비거리와 구질이 크게 나빠지며 일관성이 현저히 떨어진다.

다운블로의 타법에서는 토핑이나 뒤땅이 없이 볼에 클럽 헤드가 먼저 임팩트되므로 클럽과 볼 사이에 잔디가 끼이지 않고 클럽 로프트만큼 백스핀이 일정하게 걸리고, 로프트보다 낮은 탄도의 구질이 된다.

심하게 찍어 치며 임팩트되면 토핑이 생겨 거리감이 약간은 떨어지지만 탄도는 낮아지고 구질은 크게 이상이 없다. 또한 볼에 페이스가 직접 임팩트되므로 클럽과 볼 사이에 잔디가 끼이지 않아 런이 일정해진다.

백스핀이 적어지는 이유

완만한 다운블로는 다운블로 보다 백스핀이 적게 걸리어 런이 조금은 많아진다.

같은 웨지의 로프트라 하더라도 급격히 찍으며 다운블로되면 로프트 + 다운의 각도가 되므로 탄도가 높아지고 더 많은 백스핀이 걸린다. 따라서 가파른 다운블로로 인해 거리감과 일관성은 약간은 떨어진다.

같은 웨지의 로프트라 하더라도 완만히 찍어 치듯 쓸어 치면 완만한 다운블로가 되면 로프트 + 다운의 각도가 되므로 로프트의 백스핀이 걸린다. 또한 완만한 다운블로로 인해 헤드 스피드가 볼에 전달하는 힘이 일정해져 적은 힘으로 거리를 보내게 되어 치핑에 효율적이다.

프런트 원의 궤도

컴퍼스로 원을 그리듯 왼발과 머리를 중심으로 원을 그려 본다. 이때 왼발로 원을 그릴 때 하체를 잡고 어깨를 동력으로 헤드 끝으로 원을 그리면 원이 어떻게 그려지는지 쉽게 알 수 있다. 또한 치핑에 효율적인 얇은 다운블로로 임팩트할 수 있도록 원의 중심보다 볼은 뒤쪽에 위치하고 스윙되어야 한다.

볼은 중앙에 위치하고 척추의 각이 과도하게 기울어지고 체중이 오른발에 있으면 최하점이 볼보다 뒤쪽에 있어 백스윙이 지나치게 완만해져 어퍼블로의 임팩트가 되어 뒤땅이나 토핑을 유발하기 쉬워 거리감이 떨어진다.

왼발에 체중을 약 60% 이상 싣고 거리에 적절하게 백스윙하고 다시 톱에서 왼발과 머리를 중심으로 다운시키면 볼이 먼저 임팩트된다. 또한 스윙 중 최하점 전에 볼을 위치해야 얇은 다운블로로 임팩트된다.

백 원의 궤도

어드레스 시 손목의 각은 스윙 시 손목의 움직임을 결정하는 중요한 요소이므로 볼의 방향에 큰 영향을 미치는데 어드레스에서 손목의 각이 펴지면 손목의 움직임이 적어지고 임팩트 존이 길어져 일관성이 좋아진다. 반대로 손목이 각이 커지면 움직임도 많아지고 임팩트 존이 짧아져 일관성이 떨어진다.

어드레스에서 손목이 많이 접히면 스윙 중 손목의 움직임이 많아지고 샤프트가 기울어져 있어 임팩트 존이 짧아져 약간의 실수에도 일관성이 떨어진다.

퍼팅에서처럼 척추를 적절히 숙이고 손목의 각을 작게 하면 클럽페이스 토우가 지면에 닿게 된다. 그러면 스윙 시 어깨가 아래 위로 움직이며 이때 척추의 각과 손목의 펴진 각에 의해 임팩트 존이 길어져서 그만큼 거리감과 일관성이 좋아진다.

잘못 된 원의 궤도

머리를 중심으로
팔은 오각형을
이룬다

약간은 올라가며 테이크 백 된다

팔이 펴지며
삼각형이 된다

너무 낮은 테이크 백이 된다

어퍼블로가
쉽게 난다

어드레스에서 팔을 오각형으로 만들고 백스윙하며 헤드를 바닥에 낮게 움직이려다 보면 팔의 오각형이 펴지며 백스윙하는데 이런 상황이 되면 다시 팔을 오각형을 만들며 다운해야 하므로 일관성이 크게 떨어진다.

테이크 백이 너무
아웃으로 올라간다

테이크 백이 너무
인으로 올라간다

백스윙이 아웃으로 빠지거나 과도한 인으로 빠지면 헤드는 아웃-인으로 볼이 임팩트되거나 인-아웃으로 임팩트되어 구질이 나빠지기도 한다.

원 치핑은 매우 단순하여 어깨 및 허리의 동력으로 백스윙과 다운스윙을 하면 되므로 어깨와 허리의 원으로만 이루어지는데 이 원을 팔 또는 손목으로 변형시키며 스윙을 하면 스윙 중 어깨의 원이 아닌 손목이나 팔의 원을 추가하며 스윙이 되어 그만큼 일관성이 떨어진다.

치핑 그립

치핑의 그립은 아이언 샷의 그립과는 다르게 잡아야 한다. 아이언이나 드라이버 샷은 기본적인 거리를 내야 하지만 치핑은 멀어도 약 30야드 안쪽 정도의 거리만 다양하게 보내면 되므로 비거리보다 다양한 거리의 일관성과 방향성이 더 중요하다. 그래서 손목을 적절히 사용해야 하는 샷과는 달리 치핑은 퍼팅처럼 손목의 움직임을 제한해야 방향성과 거리감이 좋아진다.

왼손 잡는 법
웨지에 그립할 때 왼손을 먼저 잡는다.

손바닥을 연결하는 선상으로 그립을 가로지르는데 생명선과 일치하고 위쪽 두툼한 부분을 밀착한다. 그러면 손바닥에 그립이 많이 잡혀 적은 힘으로도 단단히 그립할 수 있고 손목의 움직임을 최소화할 수 있다.

손등이 타깃을 향하고 엄지가 그립의 앞쪽에 똑바로 위치하고 V홈이 왼쪽 어깨를 향해야 임팩트 때 웨지 페이스가 타깃에 대해 직각으로 돌아오기 쉽다.

그립의 끝이 보내야 하는 거리에 따라 5~20mm 정도 튀어나와야 한다. 그래야 힘의 손실 없이 웨지로 전달할 수가 있고 손과 헤드와의 거리가 짧아져 일관성이 좋아진다.

그립의 형태

왼손 그립을 잘 잡은 뒤에는 오른손을 잡아야 하는데 그립 방법은 골퍼들의 취향과 느낌에 따라 다르게 나타난다. 볼을 바르게 보내기 위한 기본이 있고 잡는 형태에 따라 장단점이 있으므로 본인에게 적절한 그립을 찾으면 최상의 골퍼가 될 것이다.

역 오버래핑

이 그립은 퍼팅에서 가장 많이 사용하는 그립이다. 왼손은 네 손가락으로 잡고 오른손은 다섯 손가락 다 잡는 이유는 왼손으로 방향을 잡고 감각이 좋은 오른손으로 거리와 방향을 유지하기 위해서인데 오른손 감각이 좋은 오른손잡이가 가장 많이 사용한다.

오버래핑 그립

치핑에 있어서 이 그립은 왼손은 다섯 손가락으로 잡고 오른손은 네 손가락을 잡는 것은 왼손 감각이 좋은 골퍼가 사용하면 더욱 효과적이다. 또한 왼손의 힘이 강해 스윙 시 손목의 턴이 제한되어 방향성이 좋아진다.

치핑은 꼭 기본적으로 사용하는 오버래핑 그립도 좋지만 치핑은 퍼팅처럼 스윙하므로 기본적인 퍼팅 그립인 역 오버래핑 그립으로 잡고 하면 효과가 탁월해진다. 그립은 한 가지라는 생각을 버려야 진취적인 골프를 즐길 수 있다.

오른손 잡는 법

일반적으로 많이 쓰이는 오버래핑 그립은 잘 알고 있으므로 역 오버래핑 그립으로 오른손을 취해 보자. 정확히 그립한 왼손 검지를 벌리고 오른손가락으로 그립하고 오른손 위에 왼손 검지를 조용히 올려놓는다.

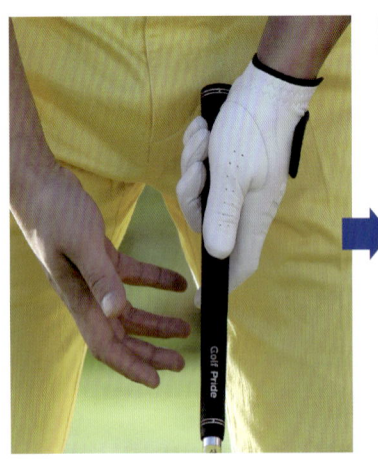

먼저 잡은 왼손 검지를 그립에서 떼고 그 자리에 오른손을 붙여 넣는다.

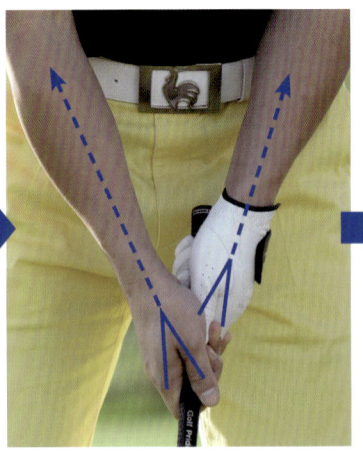

앞에서 보면 왼손등은 타깃을 향하고 오른 V홈은 오른쪽 어깨에, 왼손 V홈은 왼쪽 어깨를 향하게 그립한다.

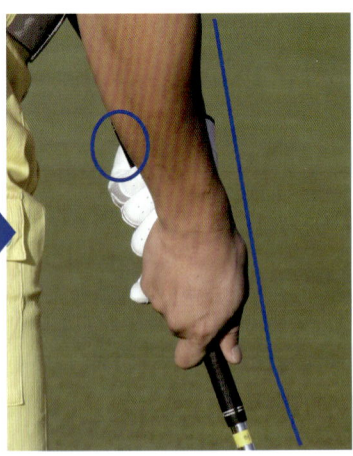

옆에서 보면 그립의 끝이 거리에 따라 손의 끝보다 더 튀어나와 있다.

그립 시 양 V홈의 방향에 따라 양 팔꿈치가 몸에서 떨어지기도 하고 자연스럽게 몸에 붙기도 하므로 중요하다. 또한 양 겨드랑이의 적절한 조임에 의해 임팩트 존의 궤도가 일관성을 가진다.

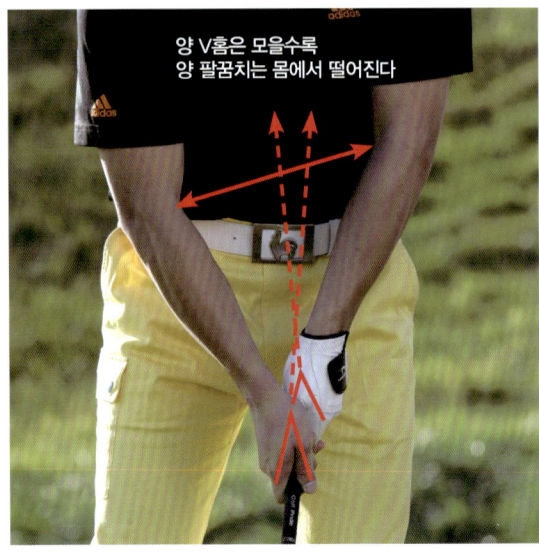

그립 시 양 V홈을 턱으로 향할수록 양 팔꿈치가 몸에서 벌어져 스윙 시 방향과 일관성이 떨어진다.

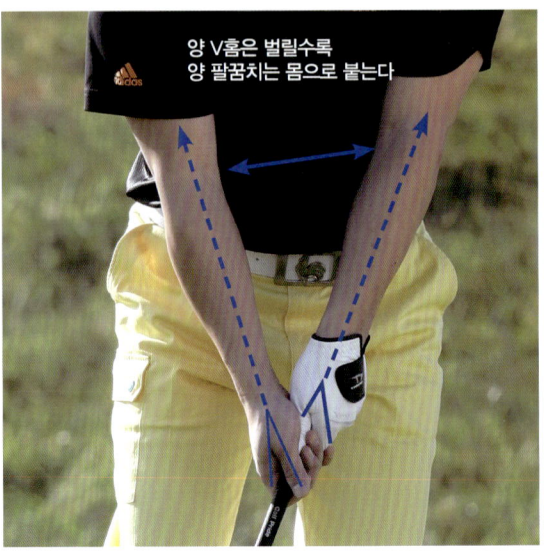

그립 시 양 V홈이 양 어깨로 향하면 양 팔꿈치가 몸에 적절히 붙어 스윙 시 방향과 일관성이 좋아진다.

그립의 압력

전체적인 그립의 압력

전체적인 그립의 압력은 어깨를 경직시키지 않으면서 팔과 손 그리고 헤드와의 일체감을 느끼는 압력을 유지해야 한다. 그래서 치핑 그립의 압력은 일반적인 그립의 압력보다 더 단단하게 잡아 스윙 중 손목의 흔들림이 적은 그립의 압력이 적절하다.(70~80%의 압력) 특히 스윙 시 손목을 사용해야 하는 일반적인 그립은 손목의 부드러움을 유지해야 하므로 조금 약하게 그립하지만 짧은 거리를 보내면서 방향을 좋게 하기 위해서는 그립을 강하게 하여 손목을 단단히 해야 방향성이 좋아진다.

압력의 부위

압력의 부위는 양손 모두 전체적으로 단단해야 하지만 특히 왼손의 소지·약지·중지에 힘을 주고 오른손 약지·중지·엄지와 검지의 V홈에 힘을 가한다. 이것은 손의 위, 아래로 힘을 주어 웨지의 흔들거림을 방지하여 스윙 중 손과 헤드의 일체감을 가지기 위해서다. 그래서 전체적인 그립의 압력은 스윙 중 어깨를 경직시키지 않으면서 손목의 단단함을 유지시키는 압력이어야 스윙 크기가 작아지며 간결한 치핑이 되는 것이다.

좋지 못한 그립

왼손 위에 오른손 엄지를 겹치면 쉽게 양 겨드랑이가 몸에서 떨어져 일관성이 떨어진다.

그립 끝보다 손이 밖으로 튀어나와 있으면 스윙 시 힘의 전달이 약하고 흔들리기 쉬워 일관성이 떨어진다.

너무 짧게 그립하면 스윙 중 그립의 끝이 몸에 걸려 미스가 나기도 하고 짧게 그립함으로써 헤드의 무게가 가벼워져 스윙이 나빠지기도 한다.

손에 힘을 뺀다고 그립을 너무 느슨하게 하면 스윙 시 흔들림이 많아져 일관성이 떨어진다.

그립의 체크 포인트

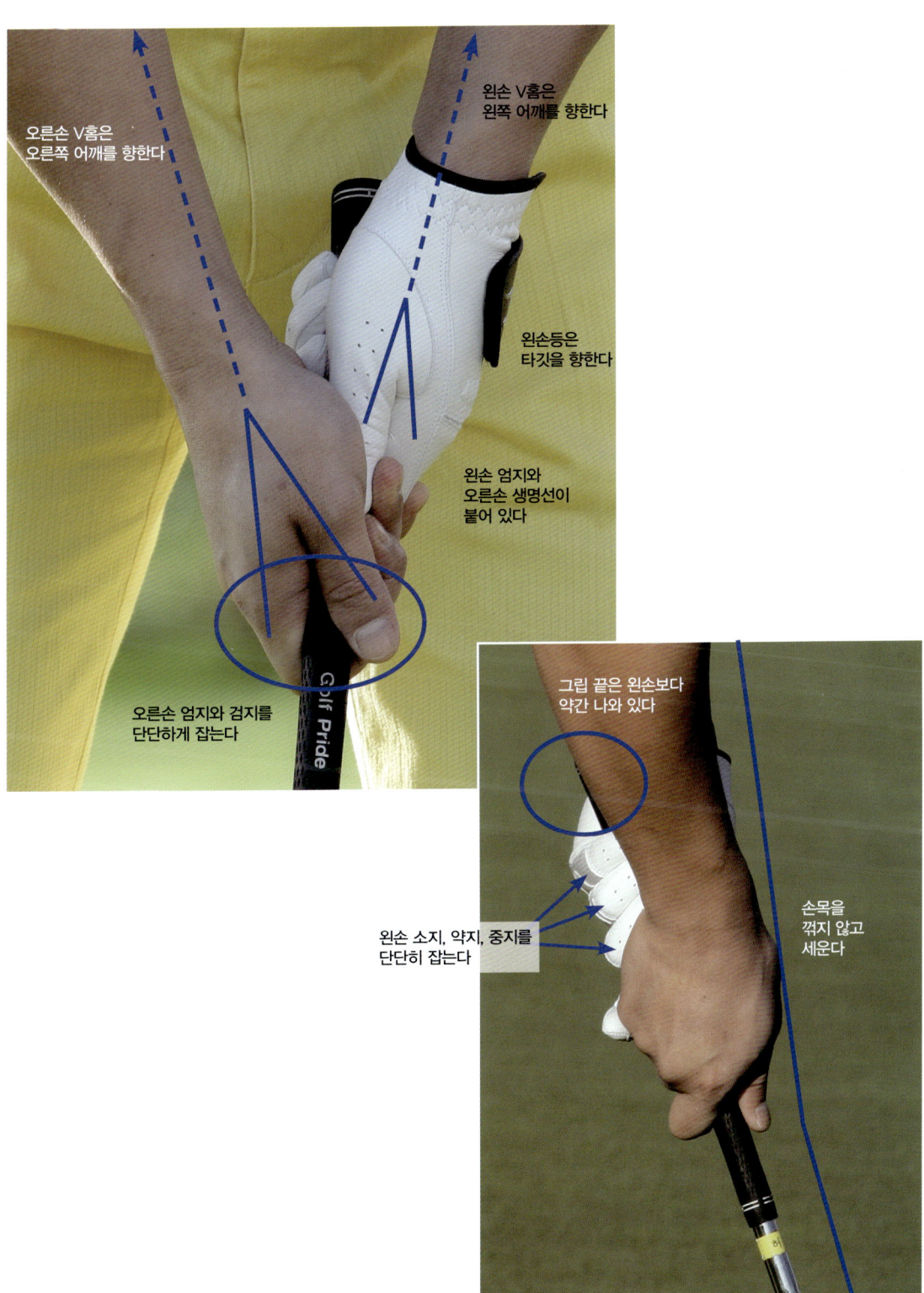

3 얼라이먼트

얼라이먼트

얼라이먼트란 볼과 골퍼의 몸을 타깃에 조준하는 것으로, 골퍼가 좋은 샷을 하고도 볼을 목표 방향으로 보내지 못하는 이유는 경사도와 얼라이먼트가 잘못되었기 때문이다. 그래서 프로 골퍼들은 얼라이먼트를 수시로 점검한다.

얼라이먼트의 중요성

좋은 얼라이먼트가 하는 일은
① 목표에 대해 편안하고 자연스럽게 어드레스되어야 한다.
② 목표에 볼을 보낼 수 있는 확실한 자신감이 생겨야 한다.

얼라이먼트의 순서

얼라이먼트를 바르고 일관되게 하는 일반적인 순서는 다음과 같다.

볼과 목표의 뒤쪽에서 가상의 타깃라인을 긋고 타깃라인의 특정한 마크(가랑잎·디봇 자국·잔디 등)를 지정한다.

지정한 마크에 대해 클럽 페이스를 직각이 되도록 놓는다.

마지막으로 타깃라인과 평행하게 엉덩이와 어깨를 정렬한다.

클럽 페이스에 직각으로 그리고 지정한 마크와 볼에 대해 평행하게 스탠스한다.

실전에서의 얼라이먼트

그린 주변에서 어드레스를 하면 스탠스와 볼과의 거리만큼 홀컵과 평행하게 정렬해야 한다. 즉 볼과 스탠스의 간격만큼 스탠스는 핀의 왼쪽을 향해야 스윙 시 볼이 핀을 향해 굴러가는 것이다.

얼라이먼트를 점검하는 방법

얼라이먼트의 잘못은 본인도 모르게 습관화되는데 적어도 일주일에 한 번은 자신의 동반자에게 점검 확인을 부탁하는 것이 좋다. 그래도 교정이 필요하다면 여러 가지로 확인이 가능하다.

얼라이먼트 잘못을 확인하기 위해 양팔을 뻗어 보면 바로 스탠스의 방향을 확인할 수 있다. 이때 스탠스와 어깨의 방향을 일치시키며 확인한다.

얼라이먼트 잘못을 확인하기 위해 클럽을 스탠스의 양발 끝 위에 평행하게 45도로 맞추고 고개를 돌려 보면 바로 스탠스 방향을 확인할 수 있다. 그러나 시간이 많이 걸리므로 동반자들에게 피해가 되지 않도록 신속히 한다. 그리고 얼라이먼트가 적응되면 간단한 방법으로 교체한다.

어드레스

손으로 클럽을 잘 잡았으면 백스윙과 다운스윙을 자연스럽고 정확히 하기 위해 좋은 어드레스가 필요한데 만약 어드레스가 나쁘면 스윙 중 자연스런 체중의 이동, 스윙의 궤도, 몸과 팔의 움직임이 나빠져서 일관성 없는 임팩트가 되어 거리와 구질 또한 나빠진다.

어드레스의 중요성

좋은 어드레스가 하는 일은
① 스윙 중 안정감이 있고 편안해야 하며
② 스윙 중에 자연스런 백스윙과 다운 시 왼발로 체중 이동이 쉽게 되어야 하고
③ 스윙 중 몸이 경직되어 스윙에 방해가 되지 말아야 한다.

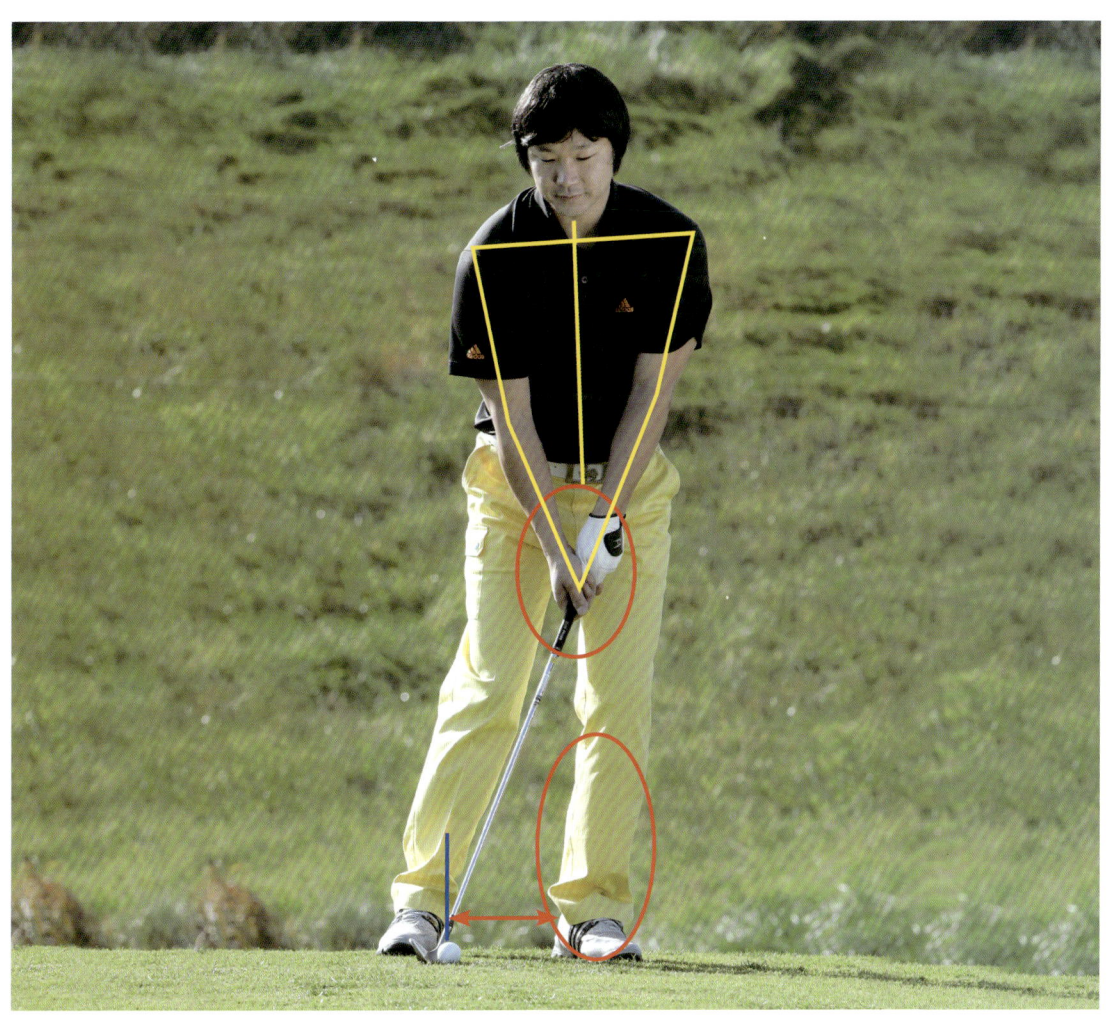

스탠스의 폭

치핑의 어드레스에서 적절한 스탠스의 폭은 스윙 중 체중의 이동과 허리의 턴을 자연스레 유도하며 다운블로 또는 어퍼블로의 타법을 자연스레 만드는 역할을 한다.

스탠스의 폭과 움직임

스탠스가 너무 좁으면 스윙 시 균형 잡기가 어려워 스윙 중 체중의 움직임이 많아져 일관성이 떨어진다.

스탠스가 너무 넓으면 다운 시 허리의 턴이 빨라지고 체중 이동이 느려지므로 볼을 쓸어 치게 된다.

적절한 스탠스의 폭

적정한 스탠스의 폭은 어깨 넓이가 적당한데 이는 스윙 중 체중의 고정과 균형 잡기가 쉽기 때문이다.

짧은 치핑은 어깨가 동력이 되고 볼을 거리에 맞게 보내야 하므로 하체 고정이 필수적이다.

스탠스의 폭은 스윙 중 균형을 잡아야 하므로 너무 넓어서 몸을 경직시키거나 너무 좁아 중심 잡기가 어려워서는 안 된다. 그러므로 스탠스의 폭은 스윙 중 몸의 움직임이 적고 단단한 넓이여야 한다.

체중 분배

치핑 어드레스에서 체중 분배는 스윙 중 체중의 움직임에 관련하여 타법에 영향을 주는데 어드레스에서 왼발에 체중이 많으면 다운블로를 오른발에 체중이 많으면 사이드 또는 어퍼블로를 자연스레 구사하고 탄도의 높낮이를 조절한다.

체중 분배와 움직임

체중이 중앙에 있으면 스윙 중 체중의 움직임이 많아져 일관성이 떨어진다.

적절한 체중 분배

어드레스 시 체중 분배의 목적 중 하나는 스윙 중 체중이 움직이지 않아야 한다는 것이다. 그러므로 양발 중 한쪽 발에 체중이 많아지면 스윙 중 움직임이 적어지므로 한쪽에 고정되어야 한다.

어드레스 시 왼발에 약 70%의 체중을 실으면 스윙 중 축이 하나되어 백스윙과 임팩트, 팔로우 시 체중의 고정이 확실하여 체중 이동이 어려워 일관성이 좋아진다.

볼의 위치

치핑 어드레스 시 가장 좋은 타법은 헤드가 약간 내려가며 볼을 임팩트하는 것이다. 헤드가 볼에 이상적으로 접근하려면 어드레스에서 체중의 위치보다 오른발 쪽에 볼이 위치해야 완만한 다운블로로 자연스런 임팩트가 가능해진다.

가슴에 그립을 대고 늘어뜨린 체중 중앙에 어드레스를 취하고 그립의 끝을 잡고 늘어뜨리면 헤드가 가리키는 위치가 최하점이 된다. 이때 토우 방향은 정면이어야 한다.

치핑은 탄도를 낮추어 런을 유도하지만 그린 상황에 따라 볼을 띄우기도 하는 데 볼을 왼쪽으로 위치시키면 자연스레 옮긴 만큼 탄도는 높아지고 런은 적어진다.

양 팔꿈치의 구부러짐

치핑 어드레스 시 양 팔꿈치 구부러짐의 정도는 스윙 시 손과 어깨의 거리를 짧게 또는 길게 하여 스윙 중 어깨와 손과 헤드와의 일체감을 쉽게 또는 어렵게 하여 일관성에 크게 관여한다.

양 팔꿈치의 구부러짐의 움직임

양 팔꿈치를 구부려 어깨를 움직여 보면 힘의 동력인 어깨에서부터 손이 가까우면 힘이 적게 든다는 것을 알 수 있다.

양팔을 쭉 펴서 어깨를 움직여 보면 힘의 동력인 어깨에서부터 손이 멀수록 힘이 많이 든다는 것을 알 수 있다.

적절한 양 팔꿈치의 구부러짐

어드레스 시 팔은 오각형이 되어 어깨로부터 손까지의 거리가 가까워질수록 지렛대 원리처럼 팔의 길이가 짧아져 스윙 시 단단해지고 힘이 적게 들어 헤드와 손의 일체감이 생겨 일관성이 좋아진다.

팔이 삼각형이 되어 어깨부터 손까지의 거리가 멀어질수록 스윙 시 힘이 많이 들어 헤드와 손의 일체감이 나빠져 일관성이 떨어진다. 또한 손목의 움직임이 많아져 방향성이 더 나빠진다.

양 팔꿈치의 위치

치핑 어드레스 시 팔의 모양은 오각형이 되는데 이 오각형에서 양 팔꿈치의 위치는 스윙 시 몸과 팔에 일체감을 주기도 하고 분리되는 느낌을 주기도 하므로 양 팔꿈치의 좋은 위치를 알아보자.

벌어진 팔꿈치

양 팔꿈치가 몸에서 멀어 질수록 스윙 시 양 겨드랑이의 큰 근육이 팔을 잡아 주는 힘이 약해져 일관성이 나빠진다.

붙은 팔꿈치

양 팔꿈치가 몸에 과도하게 붙으면 스윙 시 어깨의 움직임이 경직되고 양 팔꿈치가 허리를 움직이게 하여 일관성이 나빠진다.

적절한 팔꿈치

어드레스 시 몸에 팔은 겨드랑이만 살짝 붙고 양 팔꿈치는 조금 떨어져야 한다. 그래야 양 팔꿈치와 몸과의 공간이 약간은 있어 스윙 시 양팔이 몸을 기준으로 지나다니는 길이 되어 일관성이 좋아진다.

스윙 중 양 팔꿈치는 오각형이 되고 겨드랑이를 살짝 조인 느낌의 어드레스가 된다. 또한 스윙 중 어깨를 중심으로 팔은 단단하여 어깨의 움직임과 일체되어 움직여야 하고 어깨의 부드러움으로 거리감을 느껴야 좋은 치핑을 구사할 수 있다.

머리의 위치

치핑 어드레스 시 머리 위치가 중요한 이유는 ① 움직임의 중심이 되고 ② 스윙 타법에 관련되기 때문이다. 머리가 볼의 뒤쪽에 위치하면 탄도가 높아지고 머리가 볼의 앞쪽에 위치하면 탄도는 낮아진다.

머리의 위치와 움직임(프런트)

어드레스 시 머리의 위치가 볼보다 과도하게 뒤에 있으면 스윙 시 축이 머리가 되므로 헤드 궤도가 최하점을 지나 올라갈 때 임팩트되어 볼의 탄도가 높아지며 뒤땅이나 토핑이 동반되기 쉬워 일관성이 나빠진다.

적절한 머리의 위치

어드레스 시 머리의 위치가 볼 앞에 위치하면 스윙 시 축이 머리와 왼발이 되므로 헤드의 궤도가 최하점을 지나기 바로 전 임팩트되어 미스가 줄고 탄도가 적절히 낮아져 일관성이 좋아진다.

손의 위치

기본적인 스윙을 전제로 어드레스 시 손의 위치는 임팩트에서 클럽 페이스에 영향을 주는데 어드레스에서 손의 위치가 앞쪽이면 임팩트에서 클럽 페이스는 열리기 쉽고 또한 다운블로가 쉬워지며, 뒤쪽에 손이 위치하면 클럽 페이스가 닫히며 임팩트되기 쉬워지고 어퍼블로가 쉽게 발생한다.

손의 위치와 움직임(프런트)

어드레스 시 손의 위치가 볼보다 뒤에 있으면 스윙 시 헤드를 먼저 보내기 쉬워 어퍼블로가 심해지고 퍼 올리는 스윙이 되어 뒤땅이나 토핑을 유발하고 임팩트에서 페이스가 닫히기 쉬워 일관성이 나빠진다.

적절한 손의 위치와 움직임

어드레스 시 손의 위치가 볼 바로 앞(왼 다리)에 위치하면 스윙 시 손목의 움직임이 자제되고 완만한 다운블로가 되어 일관성이 좋아진다.

손의 위치와 움직임(백)

어드레스 시 손의 위치가 볼보다 과도하게 뒤에 있으면 손으로 헤드를 들고 스윙해야 하므로 손이 과도하게 경직되어 거리감이 나빠지며 임팩트 존이 짧아져 일관성이 나빠진다.

어드레스 시 손의 위치가 볼 위에 있으면 손목이 너무 꺾이게 되어 힘이 없다. 따라서 스윙 중 손목이 단단하지 않아 일체감이 떨어지고 반대로 볼 위에 손이 있어 임팩트 존이 길어져 일관성이 좋아진다.

적절한 손의 위치와 움직임

바닥에 토우가 닿거나 리딩에지에 전체가 닿는다

어드레스 시 손목의 각이 적절히 세워지면 헤드의 토우가 바닥에 닿거나 리딩 에지가 닿게 된다. 따라서 손과 헤드의 거리가 가까워 스윙 시 임팩트 존이 길어지고 손목의 움직임이 적어져 일관성이 좋아진다.

어드레스 시 손목의 각은 임팩트 존이 길어지거나 짧아지게 하고 또한 손목의 움직임을 많게 또는 적어지게 하여 정확성을 좋아지게 하거나 비거리를 내게 하는 스윙 중 중요한 요소가 된다.

척추의 각(프런트)

기본적인 스윙을 전제로 척추의 각이 똑바로 세워지면 찍어 치는 다운블로 스윙이 되어 볼의 탄도가 낮아지며, 척추의 각이 오른쪽으로 기울어질수록 쓸어 치는 사이드블로가 되거나 더 심하게 기울어지면 어퍼블로 스윙이 되어 볼의 탄도는 높아지게 자연스레 구사된다.

적은 척추 각의 움직임

가파르게 접근한다

어드레스에서 척추의 각이 세워지면 백스윙이 가팔라지고 톱에서도 척추의 각이 세워지는데 다운 시 작은 척추의 각에 의해 다운이 되면 웨지가 볼에 찍어지기 쉬워 다운블로가 쉽게 된다.

많은 척추 각의 움직임

과도히 완만하게 접근한다

어드레스에서 척추의 각이 과도하게 숙여지면 백스윙이 완만해지고 톱에서도 척추의 각이 숙여지는데 다운 시 많은 척추의 각에 의해 다운이 되면 볼을 퍼 올리기 쉬워 과도한 어퍼블로가 쉽게 된다.

적절한 척추의 각

어드레스에서 척추의 각을 원하는 다운블로 각만큼 기울이면 백스윙이 적절히 완만해지고 톱에서도 척추의 각이 적절히 기울어지며 따라서 다운 시 적절한 다운블로로 임팩트된다.

어드레스 시 척추의 각은 매우 중요하다. 왜냐하면 골프는 백스윙과 다운스윙에 걸쳐 회전하는 운동이기 때문에 중심(축)이 필요하다. 그 중심이 바로 척추가 되기 때문이다.

스탠스와 어깨의 방향

스탠스를 취할 때 스탠스의 방향은 구질에 영향을 주는데 방향에 따라 백스윙과 다운스윙의 움직임이 달라지기도 한다. 그리고 어깨의 방향은 스탠스에 관계 없이 타깃에 평행해야 한다. 그래야 스윙의 궤도가 일정하고 좋아진다.

오픈 스탠스

오픈 스탠스는 타깃의 약 10도 이상 왼쪽으로 서는 것을 말한다.

스탠스가 오픈되어 백스윙 때 몸통의 꼬임이 더 강해진다.

그러나 유연하지 못한 골퍼가 오픈 스탠스를 취하면 백스윙이 적어져 다운 시 볼에 클럽 헤드가 아웃-인으로 접근하기 쉬워 구질이 나빠질 수 있다.

오픈 스탠스에 의해 다운 시 몸통의 회전이 쉬워지고 강해진다.

클로즈 스탠스

클로즈 스탠스는 타깃의 약 10도 이상 오른쪽으로 서는 것을 말한다.

스탠스가 클로즈 되어서 백스윙 때 몸통의 꼬임이 약해지는 대신 턴이 쉬워진다.

클로즈된 스탠스에 의해 다운 시 몸통의 회전이 적어 상체로만 스윙해야 한다.

클로즈 스탠스는 백스윙이 쉬워지는 장점이 있고 반대로 다운 시 몸통의 턴을 억제하는 단점이 있다.

스퀘어 스탠스

가장 일반적인 스퀘어 스탠스는 오픈된 왼발만큼만 열린 느낌이 된다. 그러나 뒤꿈치는 타깃에 스퀘어가 된다.

백스윙 시 적절한 탄력으로 어깨의 턴이 되어 적절한 꼬임의 톱이 된다.

적절히 꼬인 톱에서 다운을 시작하면 하체의 움직임을 적절히 할 수 있어 가장 일반적인 스탠스라 할 수 있다. 또한 타깃에 대한 정렬이 쉬운 장점이 있다.

스탠스의 방향은 백스윙 시 어깨 턴을 쉽게 하거나 타이트 하는 역할을 하고, 다운 시 하체의 턴을 빠르게 하거나 느리게 하는 역할을 하므로 골퍼에 따라 적절히 스탠스를 취하면 스윙을 더 자연스레 할 수 있다.

가장 많은 어드레스의 오류

일반적인 골퍼가 가장 많이 범하는 어드레스는 아래와 같은 자세들인데 이런 자세들은 스윙 중 좋은 임팩트와 구질을 어렵게 만든다.

허리가 아프다고 너무 서거나 손목의 각이 작으면 손이 몸에 과도하게 붙어 궤도가 나빠져 일관성이 나빠진다.

팔을 너무 펴면 힘이 약해지고 스윙 시 어깨와 손목과 헤드의 일체감이 떨어져 일관성이 나빠진다.

양 팔꿈치가 몸에서 떨어지면 스윙 시 몸과 일체감이 떨어져 일관성이 나빠진다.

머리보다 볼이 멀리 위치하면 방향을 잡기가 어렵고 스윙이 나빠진다.

어드레스 체크 포인트

어드레스(프론트)

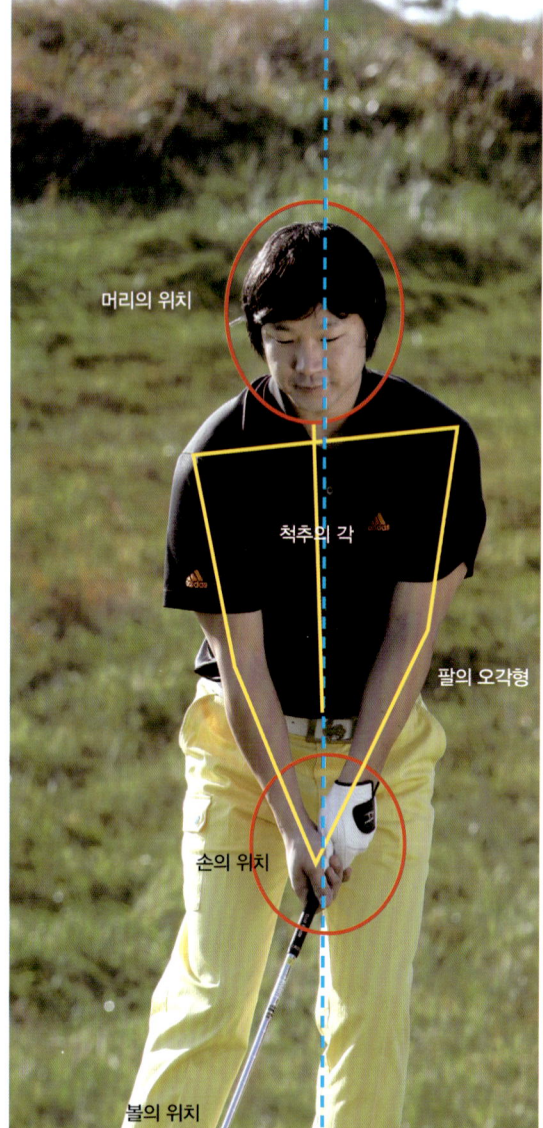

어드레스(백뷰)

자세에는 왕도가 없다고 하지만, 자신에게 맞는 웨지를 선택하고 항상 바르게 얼라이먼트하며 페이스가 똑바로 움직일 수 있는 그립을 하여 방향과 일관성이 좋아지는 어드레스를 취한다면 방향과 일관성 그리고 거리감이 좋아진다. 골퍼들의 키, 체중, 유연성, 나이, 성별 등이 다르므로 모든 자세를 다 완벽하게 취할 수 없으나, 취할 수 있는 만큼 취하여 실수를 줄이는 것이 타수를 낮추는 지름길이다.

치핑 1단계

치핑 1단계는 약 5~10야드 이내 핀에 붙이는 어프로치로, 숏 퍼팅을 하듯이 손목과 팔꿈치는 단단히 하고 어깨의 원(동력)으로 거리를 맞추는 단계다. 특히 온 그린하지 못했을 때, 그린 에지에서 멀지 않은 곳에서 에지의 볼을 굴릴 때 사용하는 샷이다.

사용 클럽

사용 클럽은 어떤 클럽이든 가능하다. 연습량이나 라운드 횟수가 많은 골퍼는 핀의 거리에 따라 여러 클럽을 사용할 수 있지만 연습량이 모자라는 일반 아마 골퍼는 치핑 거리에 관계 없이 클럽을 하나만 사용하는 것이 일관성이 좋아진다. 하나의 클럽을 가지고 연습하면 조금만 연습해도 클럽의 길이와 로프트, 헤드 무게 등이 손에 쉽게 익어 거리감이나 감각이 좋아지기 때문이다. 그리고 초·중급 골퍼들은 로프트가 큰 웨지 중 하나를 사용하고, 상급 골퍼는 로프트가 약간은 적은 웨지 또는 숏 아이언 중 하나를 사용해야 적은 연습량으로도 쉬운 치핑을 할 수 있다.

치핑 1단계의 동력(2개의 원)

치핑 1단계는 약 10야드 이내의 짧은 거리를 보내는 스윙이므로 하체를 단단히 고정하고 어깨의 원(동력)으로만 스윙해야 몸에 무리 없이 일관된 스윙이 쉬워진다.

몸의 큰 근육인 어깨의 근육을 이용하여 어깨에 매달린 팔과 클럽은 어깨의 움직임에 의해 단단히 딸려 필요한 크기의 톱을 완성한다.

중력과 헤드 무게를 어깨의 동력으로 볼에 임팩트하면 그 가속으로 인해 헤드는 타깃으로 빠져나간다. 퍼터가 아닌 클럽으로 숏 퍼팅하는 느낌이 된다.

치핑 1단계의 느낌

먼저 퍼터로 일반적인 퍼팅인 최하점의 약간 앞에 볼을 놓고 숏 퍼팅을 해 보면 약간은 어퍼블로로 임팩트되며 볼이 잘 굴러간다.

최하점의 뒤인 오른발 쪽에 볼을 놓고 숏 퍼팅을 해 보면 볼이 눌러지며 약간 튀면서 나갈 것이다. 그래도 숏 퍼팅과 같이 충분히 연습하고 클럽을 웨지로 바꾼다.

치핑 1단계 스윙의 요점

프런트에서의 스윙

손목의 움직임 없이 어깨의 턴으로 백스윙

손목의 움직임 없이 어깨의 턴으로 다운스윙

완만한 다운블로로 쓸어 준다

스윙 요점

볼을 오른발에 놓고 숏 퍼팅하는 느낌으로 스윙한다.

① 왼발과 머리를 축으로 스윙한다.
② 스윙의 크기는 약 7~5시 크기이다.
③ 백스윙과 피니시의 크기는 1 : 1
④ 스윙은 어깨의 동력으로 한다.
⑤ 백스윙 시 체중을 절대 오른발로 이동하지 않는다.
⑥ 백스윙 시 어깨 턴의 크기로 거리를 조절한다.
⑦ 스윙 중 손목을 사용하지 않는다.
⑧ 완만한 다운블로의 느낌으로 쓸어 주며 임팩트한다.

백에서의 스윙

약간의 인으로 백스윙된다

스윙 요점

볼을 오른발에 놓고 숏 퍼팅하는 느낌으로 스윙한다.

① 스윙 중 체중을 이동하지 않는다.
② 백스윙은 약간의 인으로 움직인다.
③ 스윙 중 손목을 사용하지 않는다.
④ 다운 시 볼을 페이스가 안고 임팩트하는 느낌으로 스윙한다.
⑤ 볼만 보고 스윙한다.

상황에 따른 치핑 1단계

각 웨지, 숏 아이언의 캐리와 런을 파악한다.(이때 평지에서 파악한다.) 어드레스와 클럽에 따라 캐리와 런은 달라진다.

치핑 1단계라도 그린의 경사에 따라 런이 달라지므로 경사만큼 가감하여 캐리와 런을 생각하여 스윙한다.

상황에 따라 치핑 1단계의 스윙으로 그린 밖에 떨어뜨려 굴려 올린다. 이때 떨어뜨리는 지점이 부드러운지 단단한지 파악하여 런을 계산한다. 그러므로 볼을 꼭 그린에 떨어뜨릴 필요는 없다고 생각해야 한다.

그린에 직접 떨어뜨리고 싶다면 로프트가 큰 웨지를 선택하고 페이스를 열고 치핑하거나 볼을 약간 왼발 쪽으로 옮겨 놓고 스윙을 하면 탄도가 높아지고 백스핀이 걸려 런이 줄어든다.

치핑 1단계에서 자주 일어나는 오류

짧은 치핑을 손목을 사용하여 백스윙을 하면 보내야 하는 거리보다 백스윙이 너무 커지고 다운 시 볼이 멀리 갈 것 같아 손으로 조절하여 잡으면 일관성이 떨어지고 뒤땅과 토핑이 많이 발생하게 된다.

백스윙을 손의 감각에 의존하거나 팔을 펴거나 오른발로 체중을 이동하여 백스윙의 궤도가 낮아지면 다운 시 헤드가 올라가며 임팩트되어 토핑이 쉽게 난다.

잘못된 습관으로 인해 백스윙 시 왼발의 체중을 오른발로 옮기면 다운 시 체중의 이동이 느려진다. 따라서 스윙 중 체중의 이동이 많으면 많을수록 임팩트에서 뒤땅과 토핑이 쉽게 난다.

치핑 1단계는 백스윙의 크기가 작다고 하여 똑바로 헤드를 빼려다 보면 손으로 백스윙하여 아웃으로 헤드가 빠지면 다운 시 어깨의 턴에 의해 안으로 당기며 임팩트되어 볼이 당겨진다.

치핑 2단계

치핑의 2단계는 약 10~20야드 이내 핀에 붙이는 어프로치로, 미들이나 롱 퍼팅을 하듯이 손목과 팔꿈치는 단단히 하고 어깨의 원(동력)으로 거리를 맞추고 다운 시 왼발을 축으로 허리는 고정하지 않고 어깨를 따라 턴한다.

사용 클럽
사용 클럽은 1단계와 같다.

치핑 2단계의 동력(2개의 원)
치핑 2단계는 약 20야드 이내의 거리를 보내는 스윙의 크기가 되므로 1단계의 어깨의 원(동력)으로만 스윙하면 다운 시 스피드가 느려지고 몸이 경직되어 어깨의 턴만으로는 거리를 내기가 힘겨워지므로 어깨의 동력을 몸통과 같이 턴 시키면 몸에 무리 없이 일관된 스윙이 쉬워진다.

몸의 큰 근육인 상체의 근육을 이용하여 어깨를 턴하면 헤드를 타깃의 반대로 보낼 수 있다. 어깨에 매달린 팔과 클럽은 어깨의 움직임에 의해 단단히 딸려 2단계의 거리만큼 톱을 완성한다.

적절한 톱에서 중력과 헤드 무게를 이용해 꼬인 어깨를 왼발과 허리, 어깨 등 몸통의 동력으로 다운을 시작한다. 그 가속으로 인해 헤드는 볼을 임팩트하고 타깃으로 빠져나간다.

치핑 2단계의 스윙의 요점

프런트에서의 스윙

스윙 요점

볼을 오른발에 놓고 미들, 롱 퍼팅하는 느낌으로 스윙한다.

① 왼발과 머리를 축으로 스윙한다.
② 스윙의 크기는 8~4시의 크기이다.
③ 백스윙과 피니시의 크기는 1 : 1
④ 백스윙은 어깨, 다운은 몸통의 동력으로 한다.
⑤ 백스윙 시 체중을 절대 오른발로 이동하지 않는다.
⑥ 백스윙 시 어깨의 턴의 크기로 거리를 조절한다.
⑦ 스윙 중 손목을 사용하지 않는다.
⑧ 완만한 다운블로의 느낌으로 쓸어 쳐서 임팩트한다.

백에서의 스윙

약간의 인으로 백스윙된다

스윙 요점

볼을 오른발에 놓고 미들, 롱 퍼팅하는 느낌으로 스윙한다.

① 스윙 중 체중을 이동하지 않는다.
② 백스윙은 약간의 인으로 움직인다.
③ 스윙 중 손목을 사용하지 않는다.
④ 다운 시 볼을 페이스가 안고 임팩트하는 느낌으로 스윙한다.
⑤ 볼만 보고 스윙한다.

상황에 따른 치핑 2단계

상황에 따른 치핑 1단계와 동일하므로 참조한다.

치핑 2단계에서 자주 일어나는 오류

백스윙의 크기를 줄이면 좋다는 생각과 임팩트 이후 가속이 중요하다는 마음이 너무 과도하여 보내고자 하는 거리보다 백스윙이 작고 피니시가 커지면 임팩트가 약해져 토핑이 많이 발생하게 되고 심하면 생크가 나기도 한다.

거리를 조금 더 보내려고 스윙이 커지다 보면 임팩트에서 축인 척추가 세워진다면(헤드업) 어드레스 때보다 볼과의 거리가 멀어져서 다운 시 헤드가 올라가며 임팩트되어 토핑이 쉽게 나게 된다.

볼은 클럽의 로프트에 의해 뜨는데 볼을 직접 띄워 올리려고 백스윙에서 오른발로 체중을 이동시키고 다운에서 왼발로 체중이 이동 되지 않고 손으로만 볼을 퍼 올리면 뒤땅과 토핑이 나며 일관성이 떨어진다.

치핑 2단계의 교정

① 1단계보다 보내야 하는 거리가 멀다고 백스윙은 커지지 않고 손으로 다운을 하는 것을 교정하여 보내야 하는 거리만큼 백스윙하여 임팩트하고

② 1단계 보다 거리를 더 보낸다고 몸에 힘이 들어가 척추가 펴지거나 거리의 확인을 위해 머리가 들리는 것을 교정하여 임팩트 이후 헤드와 볼이 타깃으로 빠져나간 후 볼을 확인해야 하고

③ 볼을 띄우기 위해 체중이 이동되지 않고 손으로 퍼 올리게 되는 곳을 교정하여 치핑은 볼을 띄우지 않고 굴리는 샷으로 생각하면 임팩트에서 볼을 띄워 올리는 것이 아니라 약간은 눌러 주며 볼 앞을 낮게 헤드를 보내면 완만한 다운블로로 볼을 쓸며 임팩트할 수 있어 일관성과 거리감이 좋아진다.

치핑 3단계

치핑의 3단계는 약 20~30야드 이내 핀에 붙이는 어프로치로, 롱 퍼팅에 손목을 약간은 부드럽게 하고 다운 시 약간은 먼 거리의 동력이 필요하므로 어깨의 동력보다 힘이 더 큰 허리의 원(동력)으로 거리를 보내는 단계를 말한다.

사용 클럽
사용 클럽은 1단계와 같다.

치핑 3단계의 동력(2개의 큰 원)
치핑 3단계는 약 30야드 이내의 거리를 보내는 스윙의 크기가 되므로 어깨와 몸통의 동력으로만 스윙하면 다운 시 스피드가 떨어져 허리의 동력을 추가하면 몸에 무리 없이 일관된 스윙이 쉬워진다.

팔꿈치는 단단히 그리고 손목을 약간은 부드럽게 하고 어깨의 턴으로 보내야 하는 거리만큼 백스윙을 한다.

적절한 톱에서 중력과 헤드 무게를 이용해 꼬인 어깨를 왼발과 허리 턴의 동력으로 임팩트한다. 이때 눈은 임팩트 이후까지 볼을 보아야 어깨가 타깃에 똑바로 정렬되어 방향이 나빠지지 않는다.

치핑 3단계의 스윙의 요점

프런트에서의 스윙

스윙 요점

볼을 오른발에 놓고 약간의 손목으로 롱 퍼팅하는 느낌으로 스윙한다.

① 왼발과 머리를 축으로 스윙한다.
② 스윙의 크기는 8시 30분과 3시 30분의 크기이다.
③ 백스윙과 피니시의 크기는 1 : 1
④ 백스윙은 어깨, 다운은 왼발과 허리의 동력으로 한다.
⑤ 백스윙 시 체중을 절대 오른발로 이동하지 않는다.
⑥ 백스윙 시 어깨 턴의 크기로 거리를 조절한다.
⑦ 스윙 중 손목은 약간은 부드럽게 사용한다.
⑧ 완만한 다운블로의 느낌으로 쓸며 임팩트한다.

백에서의 스윙

약간의 인으로 백스윙된다

스윙 요점

볼을 오른발에 놓고 손목으로 롱 퍼팅하는 느낌으로 스윙한다.

① 스윙 중 체중을 이동하지 않는다.
② 백스윙은 약간의 인으로 움직인다.
③ 스윙 중 손목은 부드럽게 사용한다.
④ 다운 시 볼을 페이스가 안고 임팩트하는 느낌으로 스윙한다.
⑥ 볼만 보고 스윙한다.

상황에 따른 치핑 3단계

상황에 따른 치핑 1단계와 동일하므로 참조한다.

치핑 3단계에서 자주 일어나는 오류

치핑 3단계에서 자주 일어나는 오류는 치핑 2단계와 비슷한 ① 보내야 하는 거리보다 피니시가 커진다.(토핑) ② 몸이 일어나며 피니시한다(헤드업).(토핑) ③ 백스윙 시 체중을 오른발로 이동한다.(뒤땅과 토핑)가 대부분이므로 자세한 내용은 치핑 2단계의 내용을 참조한다.

다양한 탄도의 치핑

치핑은 캐리보다 런이 많은 어프로치로, 정확성을 위해 손목의 움직임을 자제하고 보내야 하는 거리에 따라 어깨와 몸통 허리의 원을 그리며 동력을 만들게 된다. 그러나 그린 주변의 다양한 상황에 적응하기 위해 클럽을 다양하게 사용하고 볼의 위치나 클럽을 오픈하기도 하여 탄도를 조절하기도 한다. 그러면 손목을 자제하여 스윙하는 치핑에서 클럽과 어드레스에 약간의 변화를 주어 캐리와 런의 비율이 크게 달라지게 하는 방법을 알아보자.

클럽에 따른 다양한 상황의 그린 공략

치핑은 런이 많을수록 확률이 높아지므로 볼의 위치가 그린엣지라면 로프트가 적은 5, 7, 9번 등의 아이언으로 치핑이 효과적이다. 그러나 런이 많으므로 그린의 경사가 심하고 어려우면 굴리는 치핑보다 띄우는 치핑이 유리해진다.

볼과 홀 사이에 잔디가 어느 정도 있다면 에이, 샌드 웨지가 효과적이다. 왜냐하면 볼과 그린과의 공간이 있어 그린 엣지를 바로 지나 떨어뜨린다는 목표 설정이 쉬워지기 때문이다.

볼과 홀 사이에 잔디가 더 많다면 로브 웨지가 효과적이다. 왜냐하면 볼과 그린과의 공간이 많아 볼을 띄워야 하고 그린 엣지를 바로 지나 떨어뜨린다는 목표 설정이 쉬워지기 때문이다.

클럽과 거리에 따른 캐리와 런의 비율

9번 아이언의 치핑

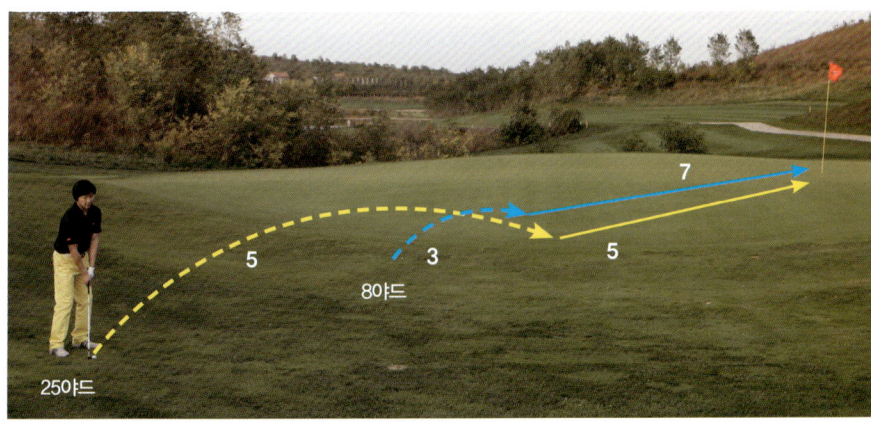

각 골퍼마다 어드레스가 조금씩 다르므로 캐리와 런은 조금씩 다르다. 9번 아이언의 *8야드 이내의 비율은 약 2:8 *15야드 이내의 비율은 약 3:7 *25야드 이내의 비율은 약 6:4쯤 파악되는데 그 이유는 거리에 따른 헤드 스피드와 백스핀이 달라져 런 또한 달라지기 때문이다.

어프로치 웨지의 치핑

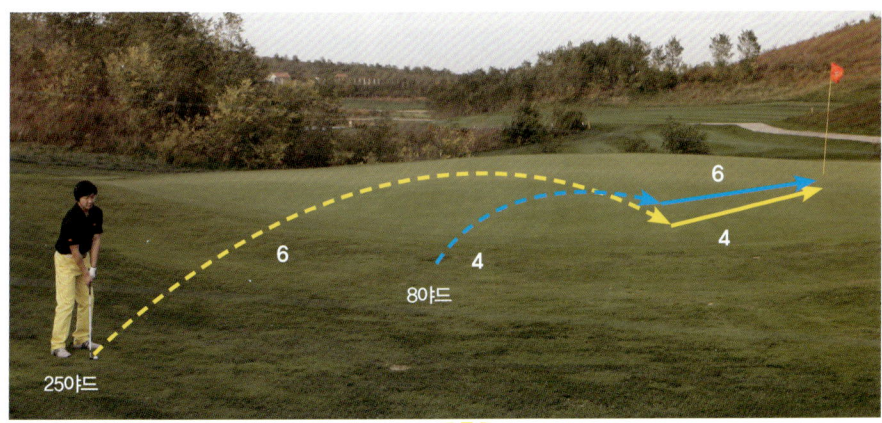

각 골퍼마다 어드레스가 조금씩 다르므로 캐리와 런은 조금씩 다르다. 에이 웨지의 *8야드 이내의 비율은 약 3.5:6.5 *15야드 이내의 비율은 약 5:5 *25야드 이내의 비율은 약 6:4쯤 파악되는데 그 이유는 거리에 따른 헤드 스피드와 백스핀이 달라져 런 또한 달라지기 때문이다.

로브 웨지(60도)의 치핑

각 골퍼마다 어드레스가 조금씩 다르므로 캐리와 런은 조금씩 다르다. 로브 웨지의 *8야드 이내의 비율은 약 5:5 *15야드 이내의 비율은 약 6.5:3.5 *25야드 이내의 비율은 약 8:2 쯤 파악되는데 그 이유는 거리에 따른 헤드 스피드와 백스핀이 달라져 런 또한 달라지기 때문이다.

자세에 따른 캐리와 런의 비율

볼의 위치에 따른 탄도의 치핑

같은 웨지와 어드레스로 치핑의 스윙 그대로 약간 다운블로로 쓸어 치는 스윙을 하면 볼의 위치에 따라 탄도가 달라지고, 캐리와 런이 달라진다.

에이 웨지로 100야드를 보낼 때 볼을 오른발에 위치하면 탄도가 낮아 캐리와 런이 4:6이라면

에이 웨지로 100야드를 보낼 때 볼을 양발의 2/3에 위치하면 탄도가 약간은 높아지고 5:5가 될 수 있다.

에이 웨지로 100야드를 보낼 때 볼을 양발의 중앙에 위치하면 탄도가 높아지고 6:4가 될 수 있다.

볼의 위치에 따라 어드레스 시 클럽 페이스의 로프트가 작아지기도 하고 커지기도 하기 때문에 탄도가 달라지고 따라서 캐리와 런이 달라진다.

페이스의 열림에 따른 탄도의 치핑

같은 웨지와 어드레스로 치핑의 스윙 그대로 약간 다운블로로 쓸어 치는 스윙을 하면 페이스 열림의 정도에 따라 탄도가 달라지고, 캐리와 런이 달라진다.

에이 웨지로 100야드를 보낼 때 볼을 오른발에 위치하고 페이스를 타깃에 직각으로 하고 치핑을 하면 캐리와 런이 4:6이라면

에이 웨지로 페이스를 10도 열고 치핑을 하면 탄도가 약간은 높아지고 캐리와 런이 5:5가 될 수 있다.

에이 웨지로 페이스를 20도 열고 치핑하면 탄도가 더 높아지고 캐리와 런이 6:4가 된다.

페이스의 열림에 따라 탄도가 달라지고 따라서 캐리와 런이 달라진다. 그러나 페이스를 많이 열수록 임팩트가 어려워지므로 자신의 능력만큼 열어야 스윙이 가능해진다.

다양한 상황에서의 치핑

그린의 주변은 평탄하지만은 않고 다양한 코스 설계에 의해 단 한 곳도 같은 모양(지형)이 없으므로 각 상황에 맞게 다양한 샷으로 공략해 보자.

턱 위의 그린 공략

턱 위의 핀을 공략하는 일반적인 방법은 로프트가 큰 샌드 또는 로브 웨지로 페이스를 필요한 만큼 열고 그린에 직접 떨어뜨려 런을 적게 하여 핀에 붙이는 방법

피칭이나 8번 아이언으로 그린의 턱에 원 또는 투 바운스로 힘을 떨어뜨려 굴려 핀에 붙이는 방법(이때 떨어뜨리는 턱의 잔디의 단단함을 파악해야 한다.)

만약 10~20야드의 거리에 그린이 턱 위 앞쪽에 핀이 위치한다면 공략이 어려워지는데 로프트가 큰 웨지로 띄워서 핀에 붙이기는 매우 어렵다. 왜냐하면 그린 에지와 핀과의 거리가 좁아 정확히 떨어뜨리기가 어렵고 또한 높이 띄우고 백스핀이 많이 걸려 런이 적어져야 하기 때문이다. 그래서 로프트가 적은 아이언으로 턱의 벽에 바운스하여 힘을 떨어뜨리며 치핑하면 훨씬 더 핀에 붙이는 확률은 높아진다.

왼발 내리막 경사에서의 그린 공략

왼발 내리막 경사에서는 크게 ① 토핑이나 ② 뒤땅이 많이 나게 된다.

왼발 내리막에서 흔히 일어나는 토핑과 뒤땅

어드레스 시 오른발에 체중이 많으면 스윙 중 퍼올리기 쉬워 뒤땅과 토핑이 쉽게 난다.

볼 뒤가 높은 상황인데 테이크 백에서 헤드를 낮게 빼면 다운 시 뒤땅과 토핑이 쉽게 난다.

톱이 낮고 스웨이 되며 오른발로 체중이 옮겨지면 다운 시 왼발로의 체중 이동이 평지보다 더 어렵고 뒤땅과 토핑이 쉽게 난다.

볼 앞이 낮은 내리막을 찍어 주지 못하고 퍼 올리며 피니시를 높이면 뒤땅과 토핑이 쉽게 난다.

적절한 내리막 샷

내리막 어프로치는 스윙 중 손목의 움직임이 중요하다.
내리막 경사에 의해 어깨의 움직임이 어렵기 때문인데 볼과 잔디 사이로 클럽의 에지를 다운블로로 떨어뜨린다. 또한 경사에 의해 로프트가 더 세워지므로 능력에 따라 약 10~30도 페이스를 열고 스윙하면 런이 적어진다.

① 어드레스 시 경사 지면과 직각으로 척추의 각을 만든다.
② 볼의 위치는 경사만큼 오른발 쪽에 위치한다.
③ 체중 분배는 왼발(낮은 발)에 60~90% 둔다(경사에 따라)
④ 클럽 페이스는 능력에 따라 약 10~30도 열어 준다.

⑤ 왼발의 체중을 단단히 고정하고 손목 코킹을 이용해 헤드를 위로 올려야 찍어 치는 스윙이 쉬워진다.(자연스레 백스윙의 궤도는 약간 아웃으로 빠진다.)

⑥ 손목을 이용해 클럽을 볼에 떨어뜨린다.
⑦ 척추의 각을 변하지 않게 기울여 피니시한다.
⑧ 백스윙과 피니시의 크기는 3:1로 한다. (피니시를 낮게 한다.)

왼발 오르막 경사에서의 그린 공략

왼발 오르막 경사 치핑에서는 크게 세 가지 임팩트가 많이 난다.
① 너무 깊이 찍혀 손목이 아프거나 ② 토핑이나 ③ 뒤땅이 많이 나게 된다.

왼발 오르막에서 흔히 일어나는 토핑과 뒤땅

어드레스 시 오르막 경사보다 과도하게 큰 척추 각이 되면 임팩트에서 척추의 각이 더 커져 퍼 올리는 스윙이 되며 뒤땅과 토핑이 발생한다.

왼발 오르막인데 평지처럼 척추의 각을 세우면 다운블로가 너무 잘되어 깊어져 손목을 다칠 수 있다.

척추의 각이 세워지면 왼발에 체중이 많아지고 다운 시 과도하게 찍어 치며 과도해지면 손목 부상이 우려된다.

적절한 오르막 샷

오르막 어프로치는 스윙 중 손목의 사용을 최대한 자제해야 하고 어깨와 허리 동력의 움직임이 가장 중요하다. 오르막 경사의 어드레스에 충실하면 생각보다 쉽게 스윙이 가능해진다. 그리고 볼은 경사만큼 당겨지는데 주의하고 경사만큼 오른쪽을 보고 서거나 그만큼 페이스를 열고 스윙한다. 또한 경사에 의해 볼이 높이 뜨게 되므로 경사에 따라 클럽을 한 클럽 더 잡고 스윙한다.

① 어드레스 시 경사면에 직각보다 조금 작게 척추의 각을 만든다. ② 볼은 경사만큼 오른발 쪽에 위치한다. ③ 체중 분배는 오른발(낮은 발)에 60~90%둔다. (경사에 따라)

④ 어깨의 턴으로 백스윙하며 톱에서 헤드의 높이가 낮아진다.(자연스레 백스윙의 궤도는 약간 인으로 빠진다.)

⑤ 손목의 움직임을 자제하고 어깨와 허리의 턴으로 다운한다.
⑥ 척추의 각을 변하지 않게 기울여 피니시한다.
⑦ 백스윙과 피니시의 크기는 2:3으로 한다.

4 원 피칭

원 피칭은 앞에서 이야기 한 것처럼 20~100야드 안쪽의 거리에서 많이 사용하는데 피칭의 간단한 정석으로 골프의 묘미를 느껴 보자.

4개의 원으로 이루어진 원 피칭

피칭은 치핑의 원 보다 2개의 원을 더 추가하여 치핑에서의 거리의 한계를 적은 힘으로 멀리 보내는 원리의 스윙으로 백스윙 시 2개의 원과 다운스윙 시 2개의 원, 총 4개의 원으로 하나의 스윙을 만든다.

백스윙에서 2개의 원이란?
백스윙이란 어깨의 원과 손목의 원을 이용하여 웨지의 헤드를 필요한 만큼의 거리에 올려놓는 원의 움직임을 말한다.

그린보다 잔디가 긴 약 300야드 이상의 거리에 위치한 핀을 공략하려면 볼을 띄우고 백스핀을 걸어 주어야 하며 적은 힘으로 거리를 낼 수 있어야 쉽게 핀을 공략할 수 있다. 그래서 어깨와 손목의 원을 이용해 클럽 헤드를 백스윙해 주므로 치핑보다 정확성은 조금 떨어지지만 몸에 무리 없이 볼을 쉽게 멀리 보낼 수 있게 된다.

다운스윙에서 2개의 원이란?

다운스윙이란 백스윙 시 보내야 하는 거리만큼 만들어진 어깨와 손목의 원에 다운은 중력과 허리의 턴과 팔의 떨어뜨림으로 헤드를 가속시켜 임팩트를 만드는 2개의 원의 움직임을 말한다.

적절한 톱에서 중력과 헤드 무게를 이용하여 허리의 동력으로 다운을 시작한다.

중력과 헤드 무게를 이용하여 허리를 동력으로 다시 팔에 가속을 주며 볼에 헤드를 떨어뜨리며 임팩트한다.

이렇게 총 4개의 원을 하나의 원으로 일관되게 일치시켜 최소의 힘으로 원하는 거리를 보낼 수 있으므로 보다 간결하고 쉬워진다.

그러나 피칭으로 보내야 하는 거리가 멀어지면 클럽의 로프트가 더 작은 클럽으로 바꾸어 거리를 내기도 한다.

중력과 헤드 무게를 허리와 팔의 동력으로 볼에 임팩트하면 그 가속으로 인해 헤드는 타깃으로 빠져나간다.

원의 궤도

프런트 원의 궤도
컴퍼스로 원을 그리듯 왼발과 머리를 중심으로 원을 그려 본다. 이때 헤드 끝으로 원을 그려 보면 그 원이 어떻게 그려지는지 쉽게 알 수가 있다.
또한 피칭에 효율적인 다운블로로 임팩트되도록 원의 중심보다 볼은 약간 뒤쪽에 위치하고 스윙이 되어야 한다.

백 원의 궤도
어드레스 시 척추의 각은 스윙 시 궤도를 결정하는 중요한 요소가 되고 또한 볼의 방향에 많은 영향을 미치는 궤도가 된다.

머리를 중심으로 손목의 코킹과 어깨의 턴으로 원을 그리고 다운에서 왼발과 머리를 축으로 허리의 턴과 약간의 팔과 손목으로 피니시해 보면 다운스윙의 원이 그려짐을 알 수 있다.

척추와 손목의 적절한 각에 의한 클럽 샤프트의 각을 기본으로 하여 부체를 펴 주듯 어깨의 턴과 손목과 팔의 움직임에 의해 생기는 자연스런 백스윙의 원의 궤도로 이루어진다.

잘못 된 원의 궤도

백스윙이 아웃으로 빠지거나 과도한 인으로 빠지면 헤드는 아웃-인으로 볼이 임팩트되거나 안-아웃으로 임팩트되어 구질이 나빠지기도 한다.

원 피칭은 최소의 힘으로 원하는 거리를 보내게 되므로 여유 있고 부드러운 스윙이 되는 것이다.
그래서 원 피칭은 거리에 따라 1단계-30야드, 2단계 50야드, 3단계- 70야드 이내의 거리를 백스윙에서 손목과 어깨의 원으로 그리고 다운을 허리와 팔을 동력으로 스윙해야 최소의 힘으로 보다 쉽게 원하는 거리를 보낼 수 있게 된다.
자, 그럼 좋은 궤도와 좋은 임팩트를 위해 그립과 어드레스 그리고 스윙에 대해 근본적인 이론과 다양한 지침을 알아보자.

피칭의 그립

피칭의 그립은 일반적인 스윙의 그립과 같으므로 참조하고, 치핑의 그립과는 조금은 달리 잡아야 한다. 그 이유는 치핑은 멀어도 약 30야드 안쪽 정도의 거리만 다양하게 보내면 되기 때문에 비거리보다 다양한 거리의 일관성과 방향성이 더 중요하고, 피칭은 적은 힘으로 거리를 쉽게 더 내야 하고 탄도를 높여야 하기 때문에 손목을 잘 이용해야 하므로 지금 잡고 있는 일반적인 그립을 잡듯이 잡아야 손목의 코킹을 잘할 수 있어 피칭은 쉬워진다. 그래서 손목을 단단히 하고 어깨의 동력으로 스윙하는 치핑과 달리 일반적인 그립을 사용해야 최소의 힘으로 원하는 거리를 보내게 되는 것이다.

그립의 움직임 비교

치핑 그립(팜 그립)　　　　　　　　　　**피칭 그립(핑거 & 팜 그립)**

치핑은 스윙 시 손목의 움직임을 자제해야 하므로 팜그립을 잡아야 한다.　　피칭은 스윙 시 손목의 움직임이 부드러워야 하므로 핑거 & 팜그립을 잡아야 한다.

어드레스

피칭의 어드레스는 스윙의 정석과 같지만 어드레스가 나쁘면 방향과 일관성이 떨어지므로 약간의 실수에도 미스가 적은 치핑과 피칭의 어드레스에서 다른 점을 알아보자.

스탠스의 폭

피칭 어드레스에서 적절한 스탠스의 폭은 스윙 중 체중의 이동과 허리의 턴을 자연스레 유도하며 다운블로 또는 어퍼블로의 타법을 자연스레 만들고 고속으로 회전하는 몸의 중심을 잡아 주는 역할을 한다. 그래서 짧은 거리는 폭을 좁게 긴 거리는 스탠스의 폭을 조금은 넓게 서는 것이 바람직하다.

거리에 따라 스탠스의 폭은 달라진다

30야드 이내 스윙에서의 적절한 스탠스의 폭은 어깨 넓이보다 조금 좁다.

50~70야드 이내 스윙에서의 적절한 스탠스의 폭은 어깨 넓이 정도이다.

볼의 위치

피칭 어드레스 시 볼의 위치에 따라 스윙 시 타법이 달라지는데 가장 좋은 타법은 헤드가 약간 내려가며 볼을 임팩트하는 것이 가장 바람직하다. 어드레스에서 체중의 위치보다 약간은 오른발 쪽에 볼이 위치해야 다운블로로 자연스런 임팩트가 가능해진다.

볼의 위치는 탄도와 직결된다

치핑은 볼을 굴려야 하므로 볼을 오른발 쪽에 위치해야 하고, 피칭은 탄도를 위해 볼을 스탠스 중앙에 위치시켜야 한다. 그러나 초·중급 골퍼는 오른발과 스탠스의 중앙이 적절하다.

피칭은 탄도를 높여 캐리를 길게 하고 런이 적어져야 하므로 치핑의 볼 위치보다 스탠스의 중앙에 볼을 위치시키거나, 그린의 상황에 따라 볼을 띄우려면 볼을 왼쪽으로 위치시키면 자연스레 옮긴 만큼 탄도는 높아지고 런은 적어진다.

팔의 모양

피칭 어드레스 시 삼각형을 이루며 오른 팔꿈치의 방향은 몸 쪽을 향하고 살짝 구부러진다.
어드레스에서 이런 오른 팔꿈치는 백스윙 시 오른팔을 보다 쉽게 접히게 하며 팔에 힘을 빠지게 하여 몸과 팔의 움직임을 일체감 있게 움직이는 것을 도와주는 역할을 하고, 손목의 코킹을 자연스럽게 하게 하여 스윙을 보다 쉽게 만들어 준다.

오각형은 팔이 짧아진다

삼각형은 팔이 길어진다

팔은 오각형으로 하고 스윙하면 손목의 움직임이 어려워진다. 따라서 손목의 움직임이 자제되어 일관성이 좋아진다.

팔은 삼각형으로 하고 스윙하면 손목의 움직임이 쉬워진다. 따라서 손목의 움직임이 좋아져 최소의 힘으로 거리를 낼 수 있다.

손목의 각(백 뷰)

피칭 어드레스 시 손목의 각은 치핑과 달리 손목의 각이 커진다. 손목의 각이 커지면 백스윙에서 손목의 힘이 빠지고 따라서 손목의 코킹을 자연스레 쉽게 할 수 있어 거리와 다운블로를 보다 쉽게 만들어 준다.

손목과 클럽의 각이 적다

토우가 닿는다

손목과 클럽의 각이 많다

토우가 약간 들린다

어드레스에서 손목의 각이 적으면 스윙 중 손목의 움직임이 적어지므로 일관성이 좋아진다.

어드레스에서 손목의 각이 많으면 스윙 중 손목의 움직임이 많아지므로 비거리가 좋아진다.

스탠스와 어깨의 방향

스탠스를 취할 때 스탠스의 방향은 구질에 영향을 주는데 방향에 따라 백스윙과 다운스윙의 움직임이 달라지기도 한다. 그리고 어깨의 방향은 스탠스에 관계없이 테크닉 샷을 제외하고는 타깃에 평행이 되어야 한다. 그래야 스윙의 궤도가 일정하고 좋아지기 때문이다.

약간의 오픈 스탠스가 적절한데 타깃의 약 10도 이상 왼쪽으로 서는 것을 말한다.

스탠스가 오픈되어서 백스윙 때 몸통의 약간의 꼬임을 느끼게 된다.

오픈 된 스탠스는 백스윙을 타이트하게 하고 다운 시 허리의 움직임이 빨라지게 하여 거리와 일관성을 좋게 한다.

그러나 과도한 오픈은 어깨의 턴을 과도하게 적어지게 하여 다운 시 하체의 움직임을 과도하게 빨라지게 하여 임팩트 존의 궤도를 더 나쁘게 하기도 한다.

오픈 된 스탠스에 의해 다운 시 허리의 턴이 쉬워진다.

체크 포인트(어드레스)

어드레스(프론트)

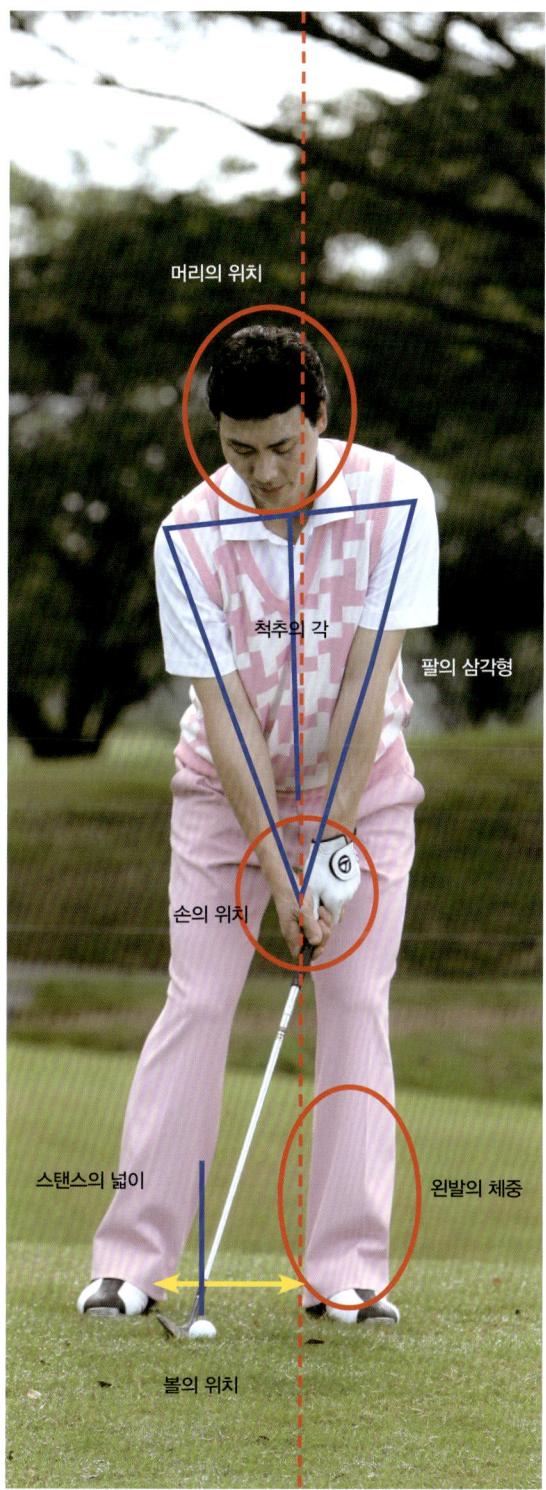

어드레스(백)

치핑과 피칭은 어프로치의 방법이 다르다.
볼을 굴리느냐 띄우느냐로 나눌 수 있는데 핀의 위치와 그린에지와 잔디의 공간에 따른 비율 그리고 거리와 그린의 위치에 따라 어프로치의 방법이 달라지기 때문이다. 그래서 그린 주변에서 굴리는 치핑은 퍼팅 어드레스와 같이 그리고 조금 거리가 있는 피칭은 일반적인 어드레스와 같이 준비하고 어프로치를 하면 어떠한 거리도 자연스레 소화하기 쉬워진다.
항상 바른 얼라이먼트를 하며 페이스가 똑바로 움직일 수 있는 그립을 하여 방향과 일관성이 좋아지는 어드레스에 최대한 가까워진 자세를 취한다면 틀림없이 지금보다 방향과 일관성 그리고 거리감이 좋아지게 될 것이다.

피칭 1단계

피칭의 1단계는 약 30야드 내외의 핀에 볼을 띄우며 붙이는 어프로치로, 손목과 약간의 하체를 이용해 거리를 맞춘다.

사용 클럽
사용 클럽은 그린의 형태와 핀의 위치등에 따라 로브, 샌드, 어프로치 웨지가 적절하다. 왜냐하면 탄도를 높이고 백스핀을 많이 걸어 그린에 볼을 잘 세워야 하기 때문이다.

피칭 1단계의 동력(3개의 원)
피칭 1단계는 약 30야드 내외의 거리를 보내는 스윙의 크기가 되므로 백스윙은 하나의 원인 손목의 코킹으로 다운은 2개의 원인 허리의 턴과 손목의 풀림으로 스윙해야 몸에 무리 없이 일관된 스윙이 쉬워진다.

1단계의 백스윙은 약간의 어깨의 턴과 손목의 원인 코킹으로 하나의 원을 만든다. 이때 왼발의 체중을 고정해야 일관성이 좋아진다.

적절한 톱에서 꼬인 어깨를 왼발과 허리 턴의 동력으로 다운을 시작한다. 그리고 동시에 중력과 헤드 무게를 이용해 손목을 풀어 주며 임팩트한다.

피칭 1단계 스윙의 요점

프런트에서의 스윙

스윙 요점

① 왼발과 머리를 축으로 스윙한다.
② 스윙의 크기는 지면과 수평이 되는 크기이다.
③ 백스윙과 피니시의 크기는 1 : 1
④ 백스윙은 손목, 다운은 허리와 손목의 동력으로 한다.
⑤ 백스윙 시 체중을 절대 오른발로 이동하지 않는다.
⑥ 백스윙 시 손목 코킹의 크기로 거리를 조절한다.
⑦ 다운블로로 임팩트한다.

백에서의 스윙

약간의 인으로
가파르게 백스윙된다

스윙 요점

① 축인 머리가 아래위로 움직이지 않고 스윙한다.
② 스윙의 궤도는 약간 인으로 조금은 가파르게 움직인다.
③ 다운 시 손목의 턴을 굳이 생각하지 않는다.
④ 자신이 사용하는 그립을 해도 되지만 손목의 턴을 자제하기 위해 위크 그립으로 해도 무방하다.
⑤ 볼에 헤드를 떨어뜨리는 느낌으로 스윙한다.
⑥ 볼만 보고 스윙한다.

피칭 1단계에서 자주 일어나는 오류

짧은 피칭이 백스윙이 커지면 다운 시 볼이 멀리 갈 것 같아 손으로 조절하여 잡으면 일관성이 떨어지고 뒤땅과 토핑이 많이 발생하게 되고 심하면 생크가 나기도 한다.

톱에서 부드러운 허리의 턴이 전혀 없이 손목의 풀림으로만 볼을 임팩트하면 손목이 풀리는 오른발 쪽에 원심력이 발생되어 왼발로 체중 이동이 어려워 뒤땅이나 토핑이 쉽게 나게 된다.

피칭 1단계는 손목의 코킹으로 백스윙하는데 똑바로 헤드를 빼려다 보면 아웃으로 빠지기 쉽다. 다운 시 어깨의 턴에 의해 안으로 당기며 임팩트되어 볼은 당겨진다.

피칭 1단계의 교정

① 백스윙 크기의 부단한 연습과 믿음으로 원하는 백스윙의 크기를 만들고 자신 있는 다운스윙을 구사하고 ② 손목의 풀림만으로 다운되면 임팩트도 나쁘지만 거리가 떨어지므로 다운은 하체의 턴과 손목의 풀림을 이용해야 하며 ③ 백스윙에서 어깨의 턴이 전혀 없이 손목 코킹으로만 하면 헤드가 아웃으로 빠지기 쉬우므로 어깨의 턴을 유도하여 약간의 인으로 백스윙 되면 다운블로로 볼을 찍어 치며 임팩트할 수 있어 일관성과 거리감이 좋아진다.

피칭 2단계

피칭의 2단계는 약 50야드 내외의 핀에 붙이는 어프로치로, 하프 스윙 크기의 스윙으로, 어깨와 손목으로 거리를 맞추고 다운 시 허리와 팔의 동력으로 스윙하는 단계를 말한다.

사용 클럽
사용 클럽은 1단계와 같고 사용하는 클럽의 로프트가 커질수록 같은 스윙 크기라 하더라도 거리는 짧아진다.

피칭 2단계의 동력(4개의 원)
피칭 2단계는 약 50야드 내외의 거리를 보내는 스윙의 크기가 되므로 백스윙은 2개의 원인 어깨의 턴과 손목의 코킹으로 다운도 2개의 원인 허리와 팔과 손목의 풀림(헤드 무게)으로만 스윙하면 몸에 무리 없이 일관된 스윙이 쉬워진다.

2단계의 백스윙은 어깨의 턴과 손목의 코킹으로 2개의 원을 만든다. 이때 왼발의 체중을 고정해야 일관성이 좋아진다.

적절한 톱에서 꼬인 어깨를 왼발과 허리 턴의 동력으로 다운을 시작한다. 그리고 동시에 중력과 헤드 무게를 이용해 팔을 풀어 주며 임팩트한다.

피칭 2단계의 스윙의 요점

프런트에서의 스윙

스윙 요점

① 왼발과 머리를 축으로 스윙한다.
② 스윙의 크기는 지면과 수직이 되는 크기이다.
③ 백스윙과 피니시의 크기는 1 : 1
④ 백스윙은 어깨와 손목, 다운은 허리와 팔의 동력으로 한다.
⑤ 백스윙 시 체중을 절대 오른발로 이동하지 않는다.
⑥ 백스윙 시 어깨와 손목 코킹의 크기로 거리를 조절한다.
⑦ 다운블로로 임팩트한다.

백에서의 스윙

샤프트는 오른쪽 어깨를 가로지른다

스윙 요점

① 축인 머리가 아래위로 움직이지 않고 스윙한다.
② 스윙의 궤도는 약간 인으로 조금은 가파르게 움직인다.
③ 샤프트는 톱에서 오른쪽 어깨를 가로지른다.
④ 다운 시 손목의 턴을 굳이 생각하지 않는다.
⑤ 자신이 사용하는 그립을 해도 되지만 손목의 턴을 자제하기 위해 위크 그립으로 해도 무방하다.
⑥ 볼에 헤드를 떨어뜨리는 느낌으로 스윙한다.
⑦ 볼만 보고 스윙한다.
⑧ 피니시에서 샤프트는 세워져 있다.

피칭 2단계에서 자주 일어나는 오류

백스윙의 크기를 줄이면 좋다는 생각과 임팩트 이후 가속이 중요하다는 마음이 너무 과도하여 보내고자 하는 거리보다 백스윙이 작고 피니시가 커지면 다운블로가 어려워 토핑이 많이 발생한다.

거리를 조금 더 보내려고 스윙이 커지다 보면 임팩트에서 축인 척추가 세워진다면(헤드업) 어드레스 때보다 볼과의 거리가 멀어져서 다운 시 헤드가 올라가며 임팩트되어 토핑이 쉽게 난다.

볼을 띄우기 위해 백스윙 시 왼발의 체중을 오른발로 옮기게 되고 다운 시 볼을 퍼 올리기 위해 체중의 이동보다 손으로 피니시하면 뒤땅과 토핑이 나며 일관성이 떨어진다.

피칭 2단계의 교정

① 백스윙과 팔로우의 크기는 1 : 1이 적절한데 거리를 다운스윙으로만 내려고 하는 것을 자제해야 하며 ② 1단계보다 거리를 더 보낸다고 몸에 힘이 들어가 척추가 펴지거나 거리의 확인을 위해 머리가 들리는 것을 교정하여 임팩트 이후 헤드와 볼이 타깃으로 빠져나간 후 볼을 확인해야 하고 ③ 볼을 띄우기 위해 체중이 이동되지 않고 손으로 퍼 올리게 되는 것을 교정하여 다운블로로 볼을 찍어 치면 일관성과 거리감이 좋아진다.

피칭 3단계

피칭의 3단계는 약 70~80야드 내외로 핀에 붙이는 어프로치로, 쓰리 쿼트의 스윙의 크기를 말한다. 백스윙에서 어깨와 손목과 팔로 거리를 맞추고 다운 시 허리와 팔, 손목의 동력으로 거리를 보내는 단계를 말한다.

사용 클럽
사용 클럽은 1단계와 같다.

피칭 3단계의 동력(6개의 원)
피칭 3단계는 약 80야드 내외의 거리를 보내는 스윙의 크기가 되므로 백스윙은 3개의 원인 어깨와 손목과 팔로 다운은 3개의 원인 허리와 팔과 손목의 풀림으로 스윙하면 몸에 무리 없이 충분한 거리를 내고 일관된 스윙이 쉬워진다.

3단계의 백스윙은 어깨의 턴과 손목의 코킹 그리고 팔의 접힘으로 3개의 원을 만든다. 그래서 백스윙은 3개의 원을 하나의 원으로 자연스레 만들도록 부단한 연습이 필요하다.

적절한 톱에서 왼발과 허리 턴의 동력으로 다운을 시작한다. 그리고 동시에 중력과 헤드 무게를 이용해 팔과 손목이 풀어지며 임팩트한다. 결국 다운은 거리가 길어져 허리의 원과 팔과 손목의 원으로 임팩트를 만드는 것이다.

피칭 3단계의 스윙의 요점

프런트에서의 스윙

스윙 요점

① 왼발과 머리를 축으로 스윙한다.
② 스윙의 크기는 지면에 45도 기울어지는 크기 이다.
③ 백스윙과 피니시의 크기는 1 : 1
④ 백스윙은 어깨와 손목, 팔 다운은 허리와 팔, 손목의 동력으로 한다.
⑤ 백스윙 시 체중은 부드럽게 약간은 오른발로 이동되어도 무방하다.
⑥ 백스윙 시 어깨와 손목 코킹과 팔의 접힘의 크기로 거리를 조절한다.
⑦ 다운은 허리의 턴과 팔·손목의 퍼짐으로 동력을 얻는다.
⑧ 다운블로로 임팩트한다.

백에서의 스윙

왼팔은 오른 어깨를 가린다

스윙 요점

① 축인 머리가 아래위로 움직이지 않고 스윙한다.
② 스윙의 궤도는 약간 인으로 조금은 가파르게 움직인다.
③ 왼팔은 오른쪽 어깨를 가로지른다.
④ 다운 시 손목의 턴을 굳이 생각하지 않는다.
⑤ 자신이 사용하는 그립을 해도 되지만 손목의 턴을 자제하기 위해 위크 그립으로 해도 무방하다.
⑥ 볼에 헤드를 떨어뜨리는 느낌으로 스윙한다.
⑦ 볼만 보고 스윙한다.

피칭 3단계에서 자주 일어나는 오류

피칭 3단계에서 자주 일어나는 오류는 피칭 2단계와 비슷한 ① 보내야 하는 거리보다 피니시가 커진다.(토핑) ②몸이 일어나며 피니시한다(헤드업).(토핑) ③ 백스윙 시 체중을 오른발로 이동한다.(뒤땅과 토핑)가 대부분이므로 자세한 내용은 피칭 2단계의 내용을 참조하면 된다.

이렇게 피칭은 다양한 거리를 정확히 보내야 하므로 최소한의 동작으로 스윙해야 거리감과 일관성이 있으므로 피칭의 스윙은 손목과 팔 그리고 허리의 턴을 추가해야 쉽고 간단한 피칭을 오랫동안 쉽게 잘할 수 있음을 기억해 두자.

상황에 따른 피칭

피칭은 캐리보다 런이 적은 어프로치로, 그린 주변의 다양한 상황에 적응하기 위해 클럽을 다양하게 사용하거나 볼의 위치나 클럽을 오픈시켜 탄도를 조절하기도 한다.
클럽과 어드레스에 약간의 변화를 주어 캐리와 런의 비율이 크게 달라지게 하는 방법을 알아보자.

클럽에 따른 탄도와 거리

1, 2, 3단계 스윙의 크기로 자신만의 로브, 샌드, 에이 웨지의 캐리를 파악해 보면 백스윙의 크기가 같더라도 로프트가 클수록 거리는 짧아진다는 것을 알 수 있다.

자세에 따른 탄도와 거리

볼의 위치에 따른 탄도와 거리

같은 웨지와 어드레스로 피칭의 스윙 그대로 같은 거리라도 볼의 위치에 따라 탄도와 거리가 달라진다.

샌드 웨지로 볼을 양발의 2/3 오른발 쪽에 위치하면 탄도가 낮아지고 거리가 좋아진다.

샌드 웨지로 볼을 양발의 중앙에 위치하면 탄도는 높아지고 거리는 조금 짧아진다.

샌드 웨지로 볼을 양발의 2/3 왼발 쪽에 위치하면 탄도가 더 높아지고 거리는 더 짧아진다.

페이스의 열림에 따른 탄도와 거리

같은 웨지와 어드레스로 피칭의 스윙을 해도 페이스의 열림의 정도에 따라 탄도와 거리가 달라진다.

샌드 웨지로 페이스를 타깃에 직각으로 하고 스윙을 하면 로프트의 탄도와 거리가 나온다.

샌드 웨지로 페이스를 10도 열고 스윙을 하면 탄도는 높아지고 거리는 짧아진다. 따라서 볼은 밀리므로 페이스를 연 만큼 스탠스를 오픈한다.

샌드 웨지로 페이스를 20도 열고 스윙을 하면 탄도는 더 높아지고 거리는 더 짧아진다. 따라서 볼은 밀리므로 페이스를 연 만큼 스탠스를 오픈한다.

페이스의 방향에 따라 탄도가 달라지고 그에 따라 거리가 달라진다. 페이스를 많이 열수록 볼을 높이 띄울 수가 있지만 임팩트가 어려워지므로 자신의 능력만큼 열어야 스윙이 가능해진다.

다양한 상황에서의 피칭

피칭을 시도해야 하는 그린의 주변은 평탄하지만은 않고 다양한 코스 설계에 의해 각 코스마다 같은 모양과 지형이 단 한 곳도 없으므로 상황에 따라 다양한 샷과 공략이 필요하다.

앞에 핀이 있는 그린의 공략

50야드의 거리에 그린 앞쪽에 핀이 위치한다면 공략이 어려워지는데 이럴 때는 로프트가 큰 웨지로 페이스를 열거나 볼을 왼발 쪽으로 두고 스윙을 하면 탄도가 높아져 공략이 가능해지고 또는 로프트가 적은 클럽으로 그린 앞에 떨어뜨려 볼을 굴려 핀에 붙이는 방법이 있다. 그러나 페이스를 많이 열수록 볼을 왼발 쪽으로 놓을수록 임팩트가 어려워지므로 자신의 능력만큼 열거나 놓아야 스윙이 가능해진다. 또한 거리감이 중요하므로 충분한 연습을 해야 하고 런이 없으므로 핀을 직접 공략한다는 느낌으로 거리를 맞춘다.

로프트가 큰 샌드 또는 로브 웨지로 페이스를 필요한 만큼 열거나 볼을 왼발 쪽으로 두고 스윙하여 그린에 직접 떨어뜨려 런을 적게 하여 핀에 붙이는 방법을 사용한다.

피칭 웨지로 그린 3~8야드 앞의 잔디에 한 번 또는 세 번의 바운스로 그린에 올리며 핀에 붙이는 방법을 사용한다(이때 떨어뜨리는 앞 잔디의 단단함을 파악해야 한다.)

벙커 뒤 또는 포대 그린의 공략

50야드의 거리에 그린 앞에 벙커가 있거나 포대 그린이라면 런이 많아 공략이 어려워지는데 이럴 때는 로프트가 큰 웨지로 페이스를 열거나 볼을 왼발 쪽으로 두고 스윙하면 탄도가 높아져 공략이 가능해진다. 그러나 페이스를 많이 열수록 임팩트가 어려워지므로 자신의 능력만큼 열어야 스윙이 가능해진다.

로프트가 큰 샌드 또는 로브 웨지로 페이스를 필요한 만큼 열고 스윙하여 그린에 직접 떨어뜨려 런을 적게 하여 핀에 붙이는 방법을 사용한다.

포대 그린은 위치가 높아 탄도를 높이기 위해 로프트가 큰 샌드 또는 로브 웨지로 페이스를 필요한 만큼 열거나 또는 볼을 왼발 쪽으로 두고 스윙하여 그린에 직접 떨어뜨려 런을 적게 하여 핀에 붙이거나 그린 앞턱에 바운스를 주어 힘을 떨어뜨려 붙인다. 또한 거리감이 중요하므로 충분한 연습을 해야 하고 런이 없으므로 핀을 직접 공략한다는 느낌으로 거리를 맞춘다.

5 하이 어프로치

하이 어프로치는 그린 주변의 까다로운 상황에서 이를 극복하여 타수를 줄이기 위해 볼을 높이 띄우우기 위해 피치 샷을 응용한 샷이다. 볼을 낮게 보내는 것은 쉽지만 볼을 높이 띄우면 띄울수록 어려운 샷이 되므로 라운드에서 꼭 필요할 때가 아니면 가능한 자제하고 피치 샷의 응용 샷으로 대체하는 것이 효율적이다.
그래도 꼭 필요하다면 충분한 연습을 통해 확실하게 익혀 실전에 사용한다.

로브 샷

로브 샷이란 그린 주변의 볼 밑에 클럽이 지나갈 공간을 가진 짧은 잔디에서 볼을 높이 띄워 런을 최소화하여 핀에 붙이는 샷으로, 볼을 높이 띄우는 만큼 어려우므로 연습이 필요하다.

어드레스

페이스의 열림

볼을 띄우는 가장 쉬운 방법은 동일한 피치 샷의 어드레스와 스윙에 클럽 페이스를 필요한 만큼 열고 스윙하는 것이다.

볼을 띄우기 쉬운 두 번째 방법은 동일한 피치 샷의 어드레스와 스윙에 척추의 각을 필요한 만큼 오른쪽으로 더 기울이고 스윙하는 것이다.

볼을 띄우기 쉬운 세 번째 방법은 동일한 피치 샷의 어드레스와 스윙에 체중을 오른발에 60~80% 필요한 만큼 싣고 스윙하는 것이다.

볼을 띄우기 쉬운 네 번째 방법은 동일한 피치 샷의 어드레스와 스윙에 볼의 위치를 필요한 만큼 왼쪽으로 더 두고 스윙하는 것이다.

스윙

앞의 어드레스를 취하고 스윙에서는 ① 클럽 페이스가 볼 밑을 빠져나간다는 느낌, ② 클럽을 가속하며 임팩트한다는 느낌으로 스윙한다는 느낌. 이 두 가지만 가지면 어려운만큼 충분한 보상을 받게 될 것이다.(임팩트에서 손목 턴은 제한해야 한다.)

앞의 어드레스 네 가지 중 가장 쉬운 한 가지를 시도한 뒤에 자신이 생기면 두 가지를, 자신이 더 생기면 서너 가지를 취하면 환상적인 샷을 할 수 있을 것이다. 높이 띄우는 자세를 많이 취하고 스윙할수록 볼은 높이 뜨고 거리는 짧아지므로 계산을 잘해야 한다. 띄우는 자세가 과해지면 뒤땅과 토핑이 동반되므로 충분한 연습과 자신감 있는 스윙이 중요하다.

플롭 샷

플롭 샷이란 그린 주변의 볼 밑에 클럽이 지나갈 공간을 가진 러프에서 볼을 높이 띄우고 약간의 런으로 핀에 붙이는 샷으로, 묻혀 있는 볼을 높이 띄우는 만큼 어려우므로 연습이 필요하다. 볼의 절반 또는 2/3가 묻혀 있으므로 잔디를 이기고 볼 밑을 차고 나갈 수 있는 과감한 스윙과 자신감이 필요하다.

볼을 띄우고 싶은 만큼 왼발 쪽으로 위치시키고 페이스를 열면 볼을 띄울 수 있다. 그러나 볼을 높이 띄울수록 거리가 맞지 않으므로 연습을 한 뒤에 자신감 있게 시도해야 성공할 수 있다.

플롭 샷이 로브 샷과 다른 점은 ① 볼이 일반적인 잔디와 러프에 위치하며, ② 볼이 러프에 있어서 스핀이 적으며, ③ 러프에 볼이 있으므로 헤드를 빼내기 어렵다는 것이다.

세계적인 투어 프로 골퍼들은 숏게임의 다양한 샷을 20여 가지도 넘게 구사한다. 이들도 기본적인 치핑과 피칭을 정확히 구사했기 때문에 그 어떠한 샷도 응용하게 되었으므로 우리도 기본기에 충실하여 그 기본기를 중심으로 상황에 따른 다양한 샷을 멋지게 할 수 있는 날이 찾아올 것이다.